Schöningh

Kunst*buch* 1

Ein Arbeitsbuch für die Jahrgangsstufen 5 und 6

Herausgegeben von:
Martin Binder

Erarbeitet von:
Achim Algner
Sabine Binder
Martin Binder
Michael Deffke
Anne Knaupp
Jochen Wilms

© 2009 Bildungshaus Schulbuchverlage
Westermann Schroedel Diesterweg Schöningh Winklers GmbH
Braunschweig, Paderborn, Darmstadt

www.schoeningh-schulbuch.de
Schöningh Verlag, Jühenplatz 1–3, 33098 Paderborn

Das Werk und seine Teile sind urheberrechtlich geschützt.
Jede Nutzung in anderen als den gesetzlich zugelassenen Fällen bedarf der
vorherigen schriftlichen Einwilligung des Verlages.
Hinweis zu § 52a UrhG: Weder das Werk noch seine Teile dürfen ohne eine
solche Einwilligung gescannt und in ein Netzwerk gestellt werden.
Das gilt auch für Intranets von Schulen und sonstigen Bildungseinrichtungen.

Auf verschiedenen Seiten dieses Buches befinden sich Verweise (Links) auf
Internet-Adressen. Haftungshinweis: Trotz sorgfältiger inhaltlicher Kontrolle wird
die Haftung für die Inhalte der externen Seiten ausgeschlossen. Für den Inhalt
dieser externen Seiten sind ausschließlich deren Betreiber verantwortlich. Sollten
Sie dabei auf kostenpflichtige, illegale oder anstößige Inhalte treffen, so bedauern
wir dies ausdrücklich und bitten Sie, uns umgehend per E-Mail davon in Kenntnis
zu setzen, damit beim Nachdruck der Verweis gelöscht wird.

Druck 5 4 3 2 / Jahr 2013 12 11 10
Die letzte Zahl bezeichnet das Jahr dieses Druckes.

Umschlaggestaltung: Franz-Josef Domke, Hannover
Fotos: © Caro Fotoagentur/Thomas Ruffer (links); Fotostudio Henke, Salzkotten, mit
freundlicher Unterstützung der Städtischen Galerie Am Abdinghof, Paderborn (rechts)
Druck und Bindung: westermann druck GmbH, Braunschweig

ISBN 978-3-14-018115-0

Liebe Schülerinnen und Schüler,

wir wollen euch auf eine Entdeckungsreise in die Welt der Kunst mitnehmen.
Was es da zu entdecken gibt? Interessantes, Erstaunliches, aber auch Alltägliches. Und Künstler mit ihren Kunstwerken.
Was ihr noch entdecken könnt? Dass ihr selbst Künstlerinnen und Künstler seid.

Der Künstler Claes Oldenburg sagte einmal, Kunst solle etwas anderes tun, als im Museum auf dem Hintern zu sitzen.

In diesem Sinne: Viel Freude bei der Arbeit mit dem KUNSTBUCH!

Inhaltsverzeichnis

Der Traum vom Fliegen

Geflügelte Wesen	Engelsdarstellungen ❖ Typisierung ❖ Das Thema Fliegen in der zeitgenössischen Kunst ❖ Chagall	10
Fliegen wie die Vögel	Naturstudien ❖ Bildbetrachtung ❖ Ikarus und Dädalus	16
Künstler entwerfen Flugmaschinen	Utopien ❖ Panamarenko ❖ Objektbau ❖ Fotografie	20
Fliegen mit der Kraft der Fantasie	Magritte ❖ Surrealismus ❖ Miró ❖ Plastik ❖ Präsentieren und Ausstellen	24

Mein Skizzenbuch

Gestatten, Stummel!	Zeichenwerkzeuge	32
Viele Möglichkeiten zu zeichnen	Die Linie ❖ Arten von Zeichnungen	35
Zeichnen = Zeichen finden für …	Abstraktion ❖ Umrisslinie ❖ grafische Mittel ❖ Schraffur und Schattierung ❖ Muster: Strukturen und Texturen	38
Warum zeichnen wir überhaupt?	Spuren hinterlassen ❖ Höhlenzeichnungen ❖ Surrealismus	49

Die Natur wird zur Kunst

Landschaft gestalten	Land Art	56
Ordnungen finden	Materialsammlung ❖ Ordnungsprinzipien ❖ Präsentieren und Ausstellen ❖ Goldsworthy ❖ Aussagen über Kunst	58
Kunst mit Natur	Frottage ❖ Farbe als Material ❖ Relief aus Ton	64
Urgewalt Erde	Temperaturwert von Farbe ❖ Figur-Grundbeziehung	70

Kunterbunt

Villa Kunterbunt	Architektur und Farbe ❖ Hundertwasser	74
Bunte Botschafter	Signalfarben ❖ Kunst und Kulturen	78
Große Farbzauberinnen	Farbkontraste ❖ Münter ❖ Expressionismus ❖ Farbauszug erstellen ❖ Farbmischung ❖ Temperaturwert von Farben	82
Farben werden aktiv	Farbwirkung ❖ Symbolfarben ❖ Farbwahrnehmung	86

Papier

Dem Papier auf der Spur	Materialkunde	92
Was mach ich draus?	Prägedruck ❖ grafische Ordnungsprinzipien ❖ Matisse	96
Dreidimensional	Räumliche Collage ❖ handelnde Kunstbetrachtung ❖ Licht und Schatten ❖ Kubismus ❖ Gabo	100
Riesenhaftes – Elfenzartes	Plastik und Architektur ❖ Papiermaché ❖ Präsentieren und Ausstellen ❖ Ein Projekt	104

Kunst zeigt Bewegung

Bewegte Menschen	Handelnde Kunstbetrachtung ❖ Raumgreifen in der Plastik ❖ Der fruchtbare Moment ❖ Rodin ❖ innere Bewegung	112
Eingefrorene Zeit	Synchrone Darstellungen ❖ Teppich von Bayeux ❖ Bewegungsdarstellung ❖ Duchamp ❖ Futurismus	118
Bewegungen hinterlassen Spuren	Pollock ❖ Bewegung in der Malerei ❖ Bewegung im Comic ❖ Pop Art	126
Hört auf, Augenblicke zu versteinern!	Kinetik ❖ Konzeptkunst ❖ Performance	132

Eins, zwei, viele

Kein Buch mit sieben Siegeln	Schrift ❖ Schriftelemente ❖ Hieroglyphen ❖ Piktogramme	138
Aus 1 mach 2 und mehr	Hochdruck ❖ Buchdruck ❖ Gestaltungsprinzipien ❖ Kartondruck ❖ Pop Art ❖ Offsetdruck	144
Klick!	Fotografie ❖ Bilderflut ❖ Ausschnitte bestimmen	152
Einmalig!	Kunstbegriff ❖ Ready Made ❖ Original und Kopie	156

Nachgeschlagen

Von **A** wie Architektur bis **Z** wie Zeichnung findest du hier Wichtiges aus der Kunst und für die Kunst alphabetisch geordnet. — 160

Kunstbetrachtung	174
Eingeordnet	175
Register	180
Künstlerverzeichnis	182
Bild- und Textquellen	183

Das KUNSTBUCH verschafft Durchblick!

Wenn ihr Stummel seht, darf nach Herzenslust gearbeitet werden. Denn Kunst lernt man nur, wenn man aktiv wird.

Betrachten und besprechen

Kunst lädt zum Mitdenken ein. Zum Mitdenken über eigene Kunstwerke genauso wie über die von anderen Künstlern.

Kunst

Ihr habt natürlich oft genauso gute Ideen wie wir. Wenn ihr diesen Stempel seht, solltet ihr unbedingt eigene Aufgaben finden.

Diese Hinterlegung weist darauf hin, dass ihr im Kapitel Nachgeschlagen wichtige Informationen findet.

Präsentieren und ausstellen

Kunstwerke kommen besser zur Geltung, wenn sie gekonnt ausgestellt werden. Hier gibt es Tipps dazu.

Außerdem findet ihr hinten im Buch einen Zeitstrahl. Der hilft euch, Kunst in ihrem geschichtlichen Zusammenhang zu sehen.

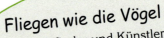

Was du hier entdecken kannst

Geflügelte Wesen
* Engel damals und heute
* Was Künstler heute daraus machen
* Figuren von Marc Chagall

Fliegen wie die Vögel
* Der Erfinder und Künstler Leonardo da Vinci
* Die Geschichte von Dädalus und Ikarus

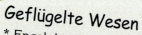

Künstler entwerfen Flugmaschinen
* Heißluftballons und Luftschiffe
* Angeregt durch Natur und Technik
* Unbekannte Flugobjekte

Fliegen mit der Kraft der Fantasie
* René Magritte und der Surrealismus
* Eine Ausstellung gestalten

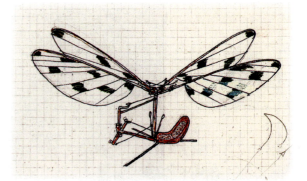

Der Traum vom Fliegen

René Magritte: Das Idol, 1965

Was passiert hoch oben in der Luft? Wer herrscht im Himmel? Ist es dort besser als hier unten auf der Erde? Leben dort vielleicht Götter, Gespenster und Engel?

Geflügelte Wesen

Eros-Figur, ca. 600 v. Chr.

Erst seit gut 200 Jahren können Menschen mit Hilfsmitteln vom Boden abheben und durch die Luft segeln. Früher war das Fliegen nur ein Traum. Schon etwa 600 v. Chr. entstanden Skulpturen von Menschen mit Flügeln, sogenannte Eros-Figuren (Gottheiten der Leidenschaft und Liebe).

Giotto: Die Flucht aus Ägypten, 1302 – 1305 (Ausschnitt)

Heute haben wir bei einem geflügelten Wesen in Menschengestalt meistens das Bild von einem Engel im Kopf. Engel gibt es in vielen religiösen Schriften wie z. B. der Bibel und dem Koran.
Die Engel überbringen göttliche Botschaften oder führen die ihnen anvertrauten Menschen. Engel steigen vom Himmel herab oder schweben durch die Luft. In den biblischen Geschichten findet sich jedoch kein Wort davon, dass Engel Flügel besitzen.
Ab ca. 400 n. Chr. tauchen erstmalig auf christlichen Bildern Engel mit Flügeln auf. Vorher gab es jedoch schon menschliche Gestalten mit Flügeln, wie z. B. die Eros-Figuren. Die Idee, dass Engel Flügel besitzen, haben die Künstler also von älteren Bildern übernommen.

Die Geschichte zum Bild: Das von Gott auserwählte Volk Israel wird von den Ägyptern bedroht. Die Israeliten fliehen vor den Ägyptern. Ein Engel geleitet die Fliehenden, er weist ihnen den Weg.

Engelsdarstellungen

Geflügelte Wesen 11

Die Geschichte zum Bild: Hier verkündet ein Engel der Jungfrau Maria die frohe Botschaft. Sie wird ein Kind empfangen: Jesus Christus, den Sohn Gottes.

Fra Angelico: Die Verkündigung, ca. 1450 (Ausschnitt)

Diese frühen Gemälde malten Künstler, damit sich die Gläubigen eine Vorstellung von den biblischen Geschichten machen konnten. Häufig findest du dort auch Engel. Die Mehrzahl der Menschen konnte damals nicht lesen, denn in dieser Zeit gingen noch nicht alle zur Schule. Viele der frühen Bilder wurden direkt auf die Wände gemalt. Diese Bilder heißen Fresken. Später malten die Künstler auf Holz. Die Gemälde hingen in den Kirchen. Heute sind die meisten dieser kostbaren Bilder im Museum.

Was ist für dich ein Engel?
Wie stellst du dir einen modernen Engel vor?

Engelsdarstellungen

Das Thema Fliegen in der Kunst

In Büchern und Filmen können so einige Menschen fliegen, wie zum Beispiel „Die kleine Hexe" oder „Harry Potter". Und auch die Künstler haben sich immer wieder mit dem Fliegen beschäftigt.

Warum wollen wir Menschen eigentlich fliegen? Versuche, Gründe dafür zu finden. Überlege, welche Bedeutung die Begriffe in diesem Zusammenhang haben könnten.

Fernweh *Sehnsucht* *weit weg* *Traum* *andere Welten*

Bruno Munari: Als Flugzeuge noch aus Bambus und Leinwand gemacht waren, 1936

Typisierung

Erfinde ein Wesen, das fliegen kann. Es soll eine „Superkraft" oder einen ganz speziellen Körperbau besitzen oder mit einem besonderen Fluggerät ausgestattet sein. Gib der Figur einen Namen. Beschreibe ihre besonderen Fähigkeiten und denke dir dazu eine Bildergeschichte aus.

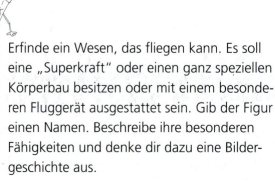

Geflügelte Wesen

Ron Mueck: Angel, 1997, 102 x 85 x 63 cm

Roman Signer: Leiter, 1995

Der Künstler Ron Mueck hat seinen Engel auf einen ganz normalen Hocker gesetzt. Der kleine Mann mit den Flügeln ist aus Wachs, echten Federn, Haaren und anderen Bestandteilen gebaut. Im Original sieht die Figur täuschend echt aus.

Das Kunstwerk besteht nur aus einer Leiter und Gummistiefeln. Der Künstler Roman Signer spielt hier mit unserer Fantasie.

KUNST LEBT VON IDEEN!

Betrachten und besprechen

Vergleiche das Bild oben links mit den anderen Abbildungen von Engeln auf den früheren Seiten. Welche Unterschiede fallen dir auf?

Betrachten und besprechen

Irgendetwas ist hier passiert! Aber was? Stell dir vor, die Leiter und die Gummistiefel sind dabei übrig geblieben. Denk dir eine Geschichte aus, was geschehen sein könnte.

Zeitgenössische Kunst

Der Künstler Marc Chagall

Marc Chagall (1887–1985) war ein russisch-französischer Maler. Er wurde in Russland geboren. Seine Kindheit und Jugend verbrachte Chagall in einem kleinen Dorf. Er wuchs in einer armen jüdischen Familie auf und hatte acht Geschwister.

Als junger Mann ging Chagall nach Paris. Paris war zu dieser Zeit eine der wichtigsten Städte für die moderne Kunst überhaupt. Junge Künstler aus der ganzen Welt zogen deshalb dorthin und suchten neue Ideen für ihre Kunst. Die große Stadt und seine lebhaften Kindheitserlebnisse im Dorf haben Chagall beim Malen angeregt. Auch als er in der Weltstadt Paris lebte, malte er oft Bilder nach seinen Erinnerungen an das dörfliche Leben.

Marc Chagall: Das Brautpaar vor dem Eiffelturm, 1938/1939

Betrachten und besprechen

- Vergleiche die Kunstwerke auf der Doppelseite. Welche Gemeinsamkeiten gibt es?
- Betrachte insbesondere die Figuren auf den Bildern. Beschreibe, wie sie aussehen und was sie tun. Was ist an ihnen ungewöhnlich?
- Untersuche die Bilder auf ihre farbige Gestaltung. Welche Farben und Farbkontraste hat Marc Chagall verwendet?

Geflügelte Wesen 15

Marc Chagall: Die Zeit hat keine Ufer, 1938

Der berühmte Künstler Pablo Picasso sagte über Chagall: „Ich weiß nicht, woher Chagall diese Bilder nimmt. Er muss einen Engel im Kopf haben."

Marc Chagall: Zirkus (Les Saltimbanques), 1969

Wie geht die Zirkusvorstellung „Artisten der Lüfte" weiter? Male davon ein Bild. Lass dich dabei von Marc Chagalls künstlerischem Stil anregen.

Marc Chagall

Fliegen wie die Vögel

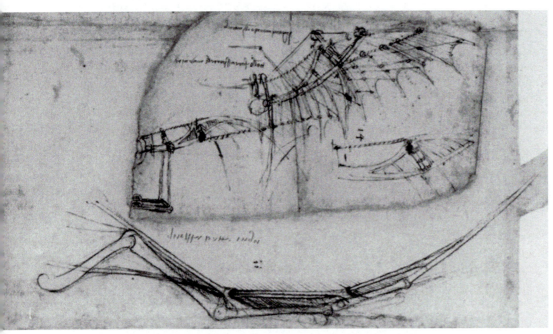

Leonardo da Vinci: Zeichnung eines Flügels, ca. 1491

Der Italiener Leonardo da Vinci (1452–1519) war nicht nur ein begabter Künstler, sondern auch ein genialer Naturforscher, Architekt, Musiker und Erfinder. Ein besonderes Interesse hatte er am Vogelflug. Aus diesem Grund beobachtete er die Vögel und untersuchte ihren Körperbau. Leonardo da Vinci konstruierte außerdem viele neue Maschinen, darunter Fluggeräte ähnlich einem Helikopter und einem Fallschirm.

Naturstudien

Erfinde eine fantastische Flugmaschine, die viele Flügel zum Antrieb besitzt.

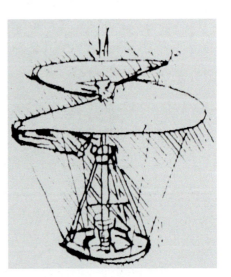

Leonardo da Vinci: Zeichnungen eines Fallschirms und einer schraubenartigen Flugmaschine, ca. 1492

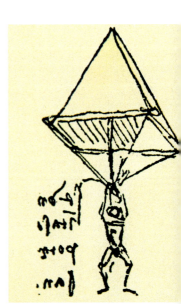

Ich will zur Sonne fliegen!

Eine der berühmtesten Geschichten über das Fliegen ist die von Dädalus und seinem Sohn Ikarus. Auch hier geht es um einen Erfinder. Diese Geschichte ist mehr als 2 000 Jahre alt. Immer wieder hat sie Künstler und Schriftsteller fasziniert.

Die Sage von Dädalus und Ikarus

Dädalus war ein berühmter Erfinder, Baumeister und Künstler. Er hatte einen Sohn: Ikarus. Beide wurden von dem König Minos im Labyrinth des Stiermenschen Minotauros auf der Insel Kreta gefangen gehalten. Da der grausame Minos auch die Seefahrt kontrollierte, konnten die beiden nicht mit einem Boot entkommen. Um von der Insel zu fliehen, baute Dädalus für sich und seinen Sohn Flügel aus Wachs und Federn. Vor dem Start warnte er Ikarus, nicht zu tief und nicht zu hoch zu fliegen, da sonst die Feuchte des Meeres beziehungsweise die Glut der Sonne zum Absturz führen würde. Zuerst ging alles gut, aber dann verließ Ikarus seinen voranfliegenden Vater. Immer höher stieg Ikarus empor, bis er in die Nähe der Sonne kam und dort das Wachs seiner Flügel schmolz. Die Federn lösten sich und Ikarus stürzte ins Meer. Der verzweifelte Dädalus konnte nach langer Suche seinen Sohn nur noch tot aus dem Wasser ziehen.

- Ähnliche Situationen gibt es auch heute. Eltern warnen ihre Kinder, bestimmte Dinge zu tun. Und Kinder ignorieren manchmal die Warnungen ihrer Eltern. Welche Situationen fallen dir dazu ein?
- Überlege, welche der genannten Begriffe zu Dädalus und welche zu Ikarus passen. Finde weitere.
- Gefällt dir der Erfinder Dädalus oder sein Sohn Ikarus besser? Begründe, warum du dich so entschieden hast.

Pieter Bruegel d. Ä.: Ikarussturz, um 1565 (Ausschnitt)

Leichtsinn · Übermut · Klugheit · Hochmut · Gefahr · Neugier · Wissensdurst · Götter herausfordern · Sicherheit

18 Der Traum vom Fliegen

Manchmal erzählt ein Bild mehrere Geschichten auf einmal. Der Maler Pieter Bruegel der Ältere liebte es, viele Geschichten in einem Bild unterzubringen. Der „Ikarussturz" ist ein Beispiel dafür. Er übernahm dafür die Schilderung des Dichters Ovid:

„Nun küsst er den Sohn, um ihn niemals wieder zu küssen hinfort, und empor von Schwingen getragen fliegt er voran, voll von Angst um den anderen [...] Mancher, indem er mit schwankendem Rohr nachtrachtet den Fischen, oder ein Hirt auf den Stab, ein Bauer gestützt auf den Pflug, sieht sie und staunt und vermeint, die durch die Lüfte vermöchten zu schweben, müssten Unsterbliche sein."

Betrachten und besprechen

Auf dem Bild ist von Dädalus und Ikarus kaum etwas zu sehen. Dabei heißt das Bild doch „Ikarussturz". Ganz schön rätselhaft! Mache dich auf die Suche, das Rätsel zu entschlüsseln.

- Wie geht man vor, um ein Bild zu verstehen? Klappe die Seite 174 nach außen. Wende die Methode der Bildbetrachtung auf das Bild von Pieter Bruegel d. Ä. an.
- Der Sturz des Ikarus ist nicht sofort zu entdecken. Für den Maler sind andere Dinge des Lebens anscheinend viel wichtiger. Er zeigt in seinem Bild, dass der Leichtsinn von Ikarus gefährliche Folgen hat, und warnt davor. Eine Botschaft des Bildes ist: „Flieg nicht zu hoch – bleibe bescheiden, bleibe bei dem, was du kannst." Versuche Hinweise für diese Deutung des Bildes zu finden. Vergleiche dazu die Sage und Ovids Beschreibungen mit dem Bild.

Pieter Bruegel d. Ä.: Ikarussturz, um 1565

Fliegen wie die Vögel 19

Bildbetrachtung

Viele andere Künstler haben den Moment gemalt, in dem Ikarus zu dicht an die Sonne herankommt und sich die Federn lösen. Male du auch ein solches Bild.

Künstler entwerfen Maschinen

Heißluftballons und Luftschiffe

E. G. Robertson: Die „Minerva" – Phantastischer Entwurf für den Luftverkehr mit Asien, 1804

Utopisches Fluggerät, ca. 1800 (Künstler unbekannt)

Montgolfière – der erste Heißluftballon der Gebrüder Montgolfier

Utopien

Der erste Ballonflug der Gebrüder Montgolfier im Jahr 1783 in Paris begeisterte die Menschen. In Paris sprach man nur noch davon. Die Ballonfliegerei beflügelte die Fantasie der Menschen. Die Leute dachten sich unglaubliche Luftfahrzeuge aus. Schiffe dienten als Vorbild. Damals wurde auch das Wort „Luftschiff" erfunden.

Angeregt durch Natur und Technik

Der belgische Künstler Panamarenko (geb. 1940) hat sein Leben lang Maschinen entworfen, die mit dem Thema Fliegen zu tun haben. Wirklich fliegen kann aber keine seiner Maschinen. Viele seiner Erfindungen werden mit Muskelkraft betrieben.

Panamarenko: Ornicoptère, 1971

Panamarenko: Umbilly I, 1976

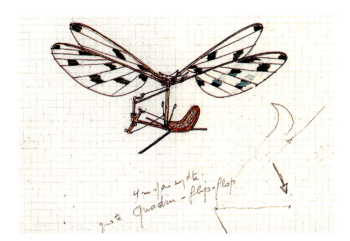

Panamarenko: Grand Quadru Flip Flop, 1990

Flugmaschinen entwerfen und bauen – du hast verschiedene Möglichkeiten:
- Zeichne ein verrücktes, altmodisches Luftschiff, das mit Ballons fliegt.
- Male ein Bild von einer Flugmaschine, die halb Tier und halb Maschine ist.
- Baue aus Fundstücken, Drähten, Schnüren, Papier, Kunststoff und unnützen Gegenständen ein Flugobjekt.

Überlege dir, wie und wo die fertigen Arbeiten in der Schule präsentiert werden können.

Unbekannte Flugobjekte

Gerhard Seyfried: Comic-Zeichnung aus „Invasion aus dem Alltag", 1981

Als das Fernrohr erfunden wurde, entdeckten die Menschen im Weltraum viele neue Himmelskörper. Diese unbekannten Welten in weiter Ferne regten die Fantasie der Menschen an. Wie sah es auf anderen Planeten aus der Nähe aus? Der berühmte Astronom Johannes Kepler hatte vor 350 Jahren die Idee, eine Reise zum Mond zu machen. Es dauerte aber bis zum Jahr 1969, bis der erste Mensch den Mond betrat. Und lange bevor es richtige Flugzeuge gab, beschrieb der Schriftsteller Jules Verne in einer Geschichte Raumschiffe, mit denen Menschen in das Weltall reisen können. Seitdem gibt es Raumschiffe in vielen Büchern und Filmen.

Der Planet Saturn

Verwandle einen Alltagsgegenstand in ein lustiges Raumschiff.

Künstler entwerfen Flugmaschinen 23

Gibt es auf anderen Planeten Leben? Besuchen Außerirdische mit Raumschiffen die Erde? Manche Menschen glauben daran. Ufo-Fotos (Ufo: Abkürzung für „Unbekanntes Flugobjekt") sollen beweisen, dass es wirklich Raumschiffe von Außerirdischen gibt. Bei vielen dieser Fotos kann man nachweisen, dass es sich um Fälschungen handelt.

Ufo oder nicht? Foto von ca. 1950

Es ist gar nicht so schwer, selbst ein Foto von einem Ufo zu fälschen. Hier siehst du einige Beispiele.

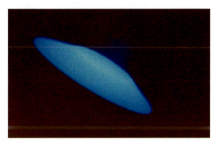

Lampen werden zu Ufos

Ufo-Modelle in Bewegung

Baue ein Raumschiff ausापtellern, diversen kleinen Teilen, Papier oder auch aus Papiermaché. Male das Ufo-Modell an und mache Fotos davon.
Tipp: Hänge dein Flugobjekt an einem Faden auf und fotografiere es am besten in Bewegung – dann ist der Faden kaum oder gar nicht zu sehen.

Objektbau und Fotografie

Fliegen mit der Kraft der Fantasie

Traumbilder

René Magritte: Der Realitätssinn, 1963

René Magritte

Der belgische Künstler René Magritte lebte von 1898 bis 1967. Seine bekanntesten Bilder gehören zu einer Kunstrichtung, die Surrealismus genannt wird. Wissenschaftler erforschten damals die Träume der Menschen. Sie fanden heraus, dass Träume eine tiefere Bedeutung haben. Auch den Künstlern fiel das auf. Die surrealistischen Künstler bringen die verschiedenen Bilderwelten zusammen: Träume und Bilder aus dem Alltag. Durch die Verbindung dieser beiden Erlebniswelten entstehen neue, geheimnisvolle Bilder. Was darauf zu sehen ist, wirkt vertraut und rätselhaft zugleich.

„Ein Gegenstand lässt vermuten, dass es hinter ihm noch andere gibt."
René Magritte

Überlege, was Magritte mit dieser Aussage meint.

Fliegen mit der Kraft der Fantasie 25

Auf dem Bild des japanischen Künstlers Seiji Togo passiert so einiges.

Etwas geschieht in unserem Kopf, wenn wir den „surrealistischen Spaziergang" sehen. Man hat das Gefühl, dass hier nur ein bestimmter Moment gezeigt wird. Es gibt ein Vorher und Nachher.

Betrachten und besprechen

- Nimm dir ein Blatt Papier und schreibe auf, was dir beim Betrachten des Bildes einfällt. Orientiere dich dabei an den Fragen:
  Was sehe ich?
  Was fühle ich?
  Was denke ich?
- Schaue unter dem Stichwort Surrealismus nach. Vergleiche das, was dort steht, mit den Bildern links und rechts. Was haben die beiden Bilder gemeinsam?

Seiji Togo: Surrealistischer Spaziergang, 1929

Wie geht die Geschichte weiter? Male dazu ein Bild und schreibe die Geschichte mit auf das Papier. Verwende dazu ähnliche Farben und Formen wie oben.

Surrealismus

26 Der Traum vom Fliegen

Moebius: Illustration für eine Zeitschrift, 1980

Der französische Zeichner Moebius hat sich intensiv mit dem Surrealismus beschäftigt.

Moebius: La Parapsychologie et Vous, 1980

Surrealismus

Betrachten und besprechen

Was ist an den Bildern von Moebius und den surrealistischen Gemälden ähnlich?

- Suche dir eines der beiden Bilder aus. Beschreibe in zwei Sätzen, was dort passiert.
- Denke dir „unmögliche" Sätze aus, die etwas schildern, das eigentlich gar nicht sein kann. Male davon ein Bild.

Vögel und anderes Getier

Joan Miró (1893–1983) war ein spanischer Künstler. Häufig arbeitete Miró mit zufällig gefundenen Formen.

Betrachten und besprechen

- Welche Lebewesen und Gegenstände kannst du erkennen?
- Beschreibe die Atmosphäre in dem Raum. Wie ist die „Lautstärke"?
- Welche Farben und Farbkontraste hat Miró verwendet?

Joan Miró: Karneval der Harlekine, 1924–25

„Einige zufällige Kleckse beim Säubern des Pinsels regten mich zu einem neuen Bild an. Das zweite Stadium jedoch ist sorgfältig berechnet. Das erste ist frei, unbewusst …"
Joan Miró

Joan Miró: Frau mit Vögeln in der Nacht, 1945

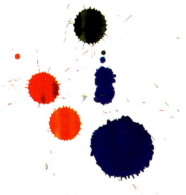

Nutze auch du die Kraft deiner Fantasie und den Zufall, um dir eine solch unglaubliche Bilderwelt auszudenken wie Joan Miró. Mache es wie der Künstler: Farbkleckse sind der Anfang, das „zweite Stadium" steckt in dir.

Der Traum vom Fliegen

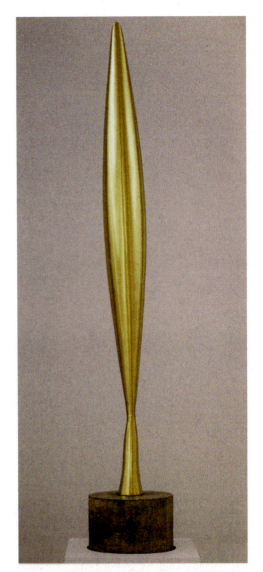

Constantin Brancusi: Vogel im Raum, 1928

Max Ernst: Oiseau (Vogel), 1924

Plastik

Constantin Brancusi und Max Ernst haben jeweils eine Skulptur von einem Vogel geschaffen. Beide Skulpturen sehen überhaupt nicht aus wie echte Vögel – trotzdem können wir erkennen, dass es sich um Vögel handelt.

Besorge dir verschiedene Materialien wie z. B. Holz, Pappe, Draht und Papier. Baue einen Vogel, der anders aussieht als ein normaler Vogel.

Fliegen mit der Kraft der Fantasie 29

Außer Vögeln, Insekten, Fledermäusen gibt es auch noch andere geflügelte Wesen. Sie verstecken sich in Kisten, Schränken, Schubladen und dunklen Ecken. Du musst sie nur herausholen …

Geflügelte Wesen bei mir zu Hause!

Präsentieren und ausstellen

Sammelt Gegenstände und borgt euch von euren Eltern oder in der Schule eine Digitalkamera.
Klebt die Gegenstände so zusammen oder legt sie so hin, dass „Lebewesen" mit Flügeln entstehen. Macht davon Fotos und in der Schule eine kleine Ausstellung.

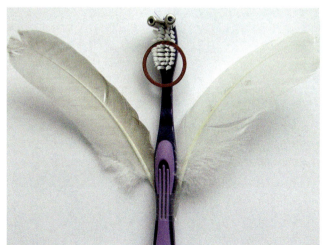

Plastik

Im folgenden Kapitel geht es um das Zeichnen und was du dabei entdecken und selbst ausprobieren kannst:

Zeichnen heißt Zeichen finden für ...

Die Kunst, wegzulassen

Mit einer Linie zeichnen

Von den Tücken der Umrisslinie

Muster, Licht und Schatten

Viele Möglichkeiten zu zeichnen

Zeichenwerkzeuge

Linienarten

Verschiedene Formen der Zeichnung

Warum zeichnet man überhaupt?

Die Freude daran, Spuren zu hinterlassen

Es gibt Dinge, die man nur zeichnen kann

Mein Skizzenbuch

„Zeichnen lernt man nur durch Zeichnen"

Diesen Satz hat der berühmte Künstler Michelangelo vor über 500 Jahren zu seinen Schülern gesagt und er hat auch noch heute Recht damit.
Deshalb sollst du in diesem Kapitel ganz viel selbst zeichnen und ausprobieren.
Lege dir einen Skizzenblock zu, in dem du das Zeichnen üben und deine Ergebnisse sammeln kannst.

Albrecht Dürer, Selbstbildnis, 1484

Gestatten, Stummel!

Zum Zeichnen braucht man einen Stift, sonst nichts!

Sicher hast du auch so eine alte Krimskramsschublade. Da wohne ich zwischen ein paar ausgedienten Kugelschreibern, einigen bunten Murmeln und den Überraschungseierfiguren. Mein Name ist STUMMEL, der alte Bleistift, der scheinbar zu nichts mehr zu gebrauchen ist. Dabei habe ich so viel erlebt und kann so viele Geschichten erzählen …

Zeichenwerkzeug

Bestimmt hast du auch einen Stummel zu Hause! Bring ihn mit in die Schule und …

Gestatten, Stummel! 33

… bastele,

… erfinde,

… schreibe und zeichne.

Zeichenwerkzeug

Stummels Kollegen

Zeichnen kann man mit allen Dingen, die eine Linie erzeugen, z. B. auch mit einem Stock im Sand!

Je nach eingesetztem Werkzeug sprechen wir von einer
  Finelinerzeichnung,
  Bleistiftzeichnung,
  Federzeichnung
  usw.

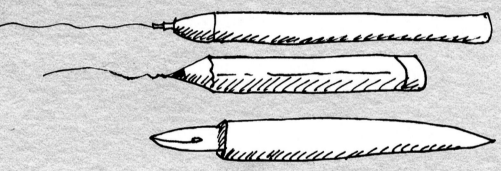

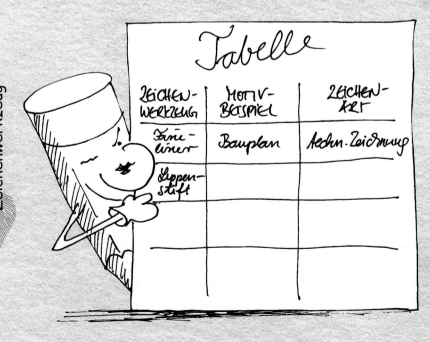

Zeichenwerkzeug

- Finde möglichst viele weitere Zeichenwerkzeuge und probiere sie aus.
- Sammle die Ergebnisse in deinem Skizzenbuch und lege eine Tabelle an: Welches Werkzeug eignet sich am besten für welche Motive und Zeichnungsarten.
- Fotografiere die Linien von Werkzeugen, die du nicht direkt in dein Skizzenbuch machen kannst, und klebe die Fotos ein.

Viele Möglichkeiten zu zeichnen

OLYMPIA

Wie du gesehen hast, erzeugen verschiedene Werkzeuge sehr verschiedene Linien.
Doch auch die Linien von ein und demselben Werkzeug können sehr verschiedenen Charakter haben. Stummel hat viele Gäste zur Olympiade der Zeichner eingeladen. Drei sind schon da:

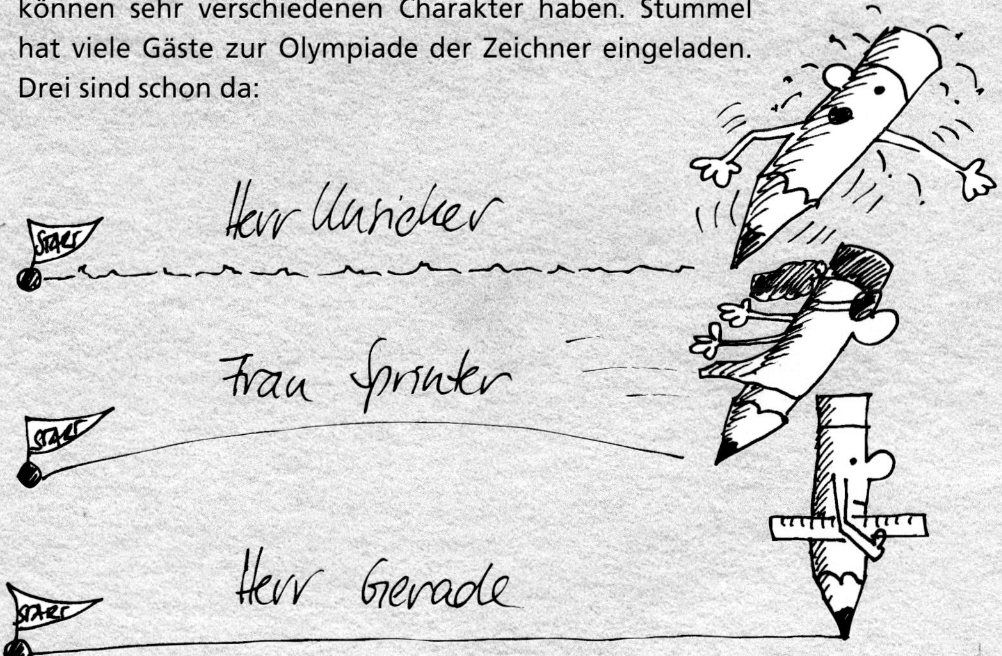

Herr Unsicher

Frau Sprinter

Herr Gerade

- Welche Gäste werden wohl noch kommen? Lass dir möglichst viele unterschiedliche Linienvertreter einfallen und zeichne sie und die Linien, die sie erzeugen, in dein Skizzenbuch.
- Sicher fällt dir eine lustige Situation ein, in der sie alle zusammen auftreten können: Auf dem Fest nach dem Wettkampf …

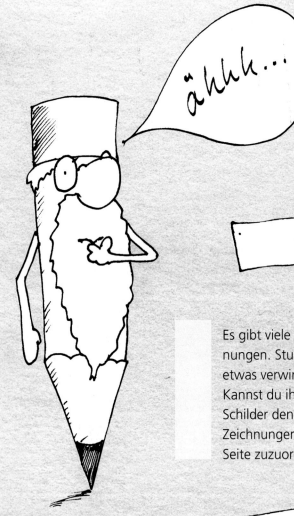

Es gibt viele Arten von Zeichnungen. Stummels Opa ist da etwas verwirrt.
Kannst du ihm helfen, die Schilder den passenden Zeichnungen auf der nächsten Seite zuzuordnen?

Skizze

Entwurf

Comic

Technische Zeichnung

Künstlerische Handzeichnung

Viele Möglichkeiten zu zeichnen 37

Michelangelo: Libysche Sybille, 1511

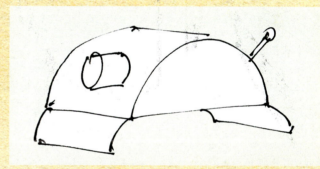

Peter Paul Rubens: Nikolaus, 1619

Finde weitere Beispiele für verschiedene Arten von Zeichnungen. Stelle sie selbst her oder klebe sie in dein Skizzenbuch.

Zeichnung

Zeichnen = Zeichen finden für ...

Zeichnung

Die Zeichnung ist eine künstlerische Technik, mit der man vereinfachte Abbilder der Wirklichkeit herstellen kann. Viele Kleinigkeiten, die wir im Foto erkennen können, fehlen in der Zeichnung. Eigentlich erkennen wir die Gegenstände nur an ihrer Form, die mit Strichen dargestellt ist. Diese Linien haben mit den Gegenständen in Wirklichkeit nichts zu tun, denn die Gegenstände bestehen ja eigentlich nicht aus Linien. Mit der Linie kann man aber ein Zeichen für den Gegenstand herstellen. Daher leitet sich auch der Begriff ZEICHNEN ab. Das Mittel der Zeichnung ist immer die Linie im Gegensatz zu Gestaltungsweisen, die mit der ausgefüllten Fläche arbeiten.

Schau dir den Bison auf dem Foto genau an und versuche, ihn dann zu zeichnen. Überprüfe, ob die Aussagen im nebenstehenden Text auch auf deine Zeichnung zutreffen.

Zeichnen = Zeichen finden für ... 39

Pablo Picasso: Der Stier, 1945

Pablo Picasso (1881–1973) war ein wichtiger Künstler im 20. Jahrhundert. Er hat der Kunst viele neue Wege gezeigt. Auf der Abbildung siehst du ihn mit einer Taschenlampe „zeichnen". Das funktioniert, wenn auf dem Foto nicht nur ein kurzer Augenblick, sondern die ganze Bewegung aufgenommen wird.

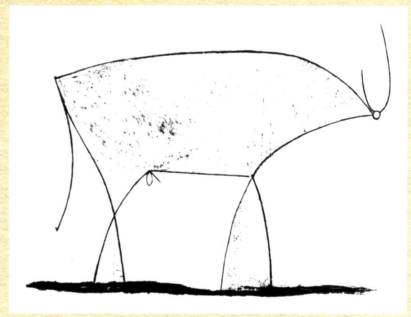

Pablo Picasso: Der Stier, 1946

Betrachten und besprechen

In den Zeichnungen rechts hat Picasso zweimal einen Stier dargestellt. Vergleiche:
Was ist in der unteren Zeichnung vom Stier noch übrig geblieben?

Ein Zeichen muss das Wesentliche einer Sache darstellen, damit es erkannt werden kann.

Abstraktion

Einlinienfiguren

Picasso hat in seiner Kunst immer wieder experimentiert. Er hat zum Beispiel Figuren aus einer einzigen Linie gezeichnet.

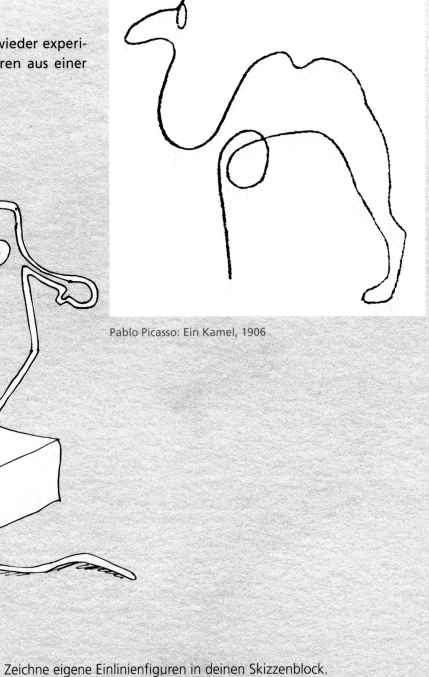

Pablo Picasso: Ein Kamel, 1906

Abstraktion

- Zeichne eigene Einlinienfiguren in deinen Skizzenblock.
- „Zeichne" doch mal mit Draht. Nimm ein ca. 30 cm langes Drahtstück und biege eine Figur daraus.

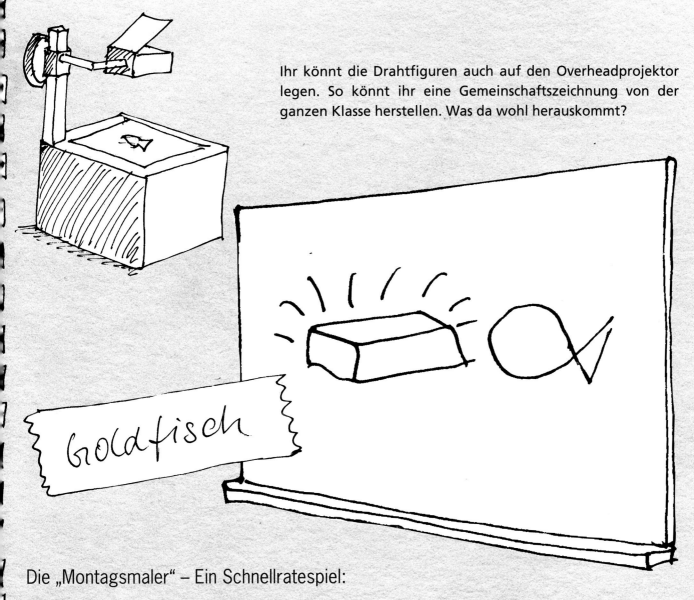

Ihr könnt die Drahtfiguren auch auf den Overheadprojektor legen. So könnt ihr eine Gemeinschaftszeichnung von der ganzen Klasse herstellen. Was da wohl herauskommt?

Die „Montagsmaler" – Ein Schnellratespiel:

Teilt die Klasse in zwei Gruppen. Jede Gruppe denkt sich 10 Gegenstände aus und schreibt sie auf kleine Zettel.
Nun geht es los: Aus der ersten Gruppe geht eine Schülerin oder ein Schüler an die Tafel und erhält einen Zettel mit einem Begriff. Nun zeichnet sie oder er den Gegenstand an die Tafel und die eigene Gruppe muss ihn erraten. Sobald dies geschehen ist, wechselt der Zeichner an der Tafel und es gibt einen neuen Begriff. Wenn alle 10 Begriffe erraten sind, kommt die zweite Gruppe an die Reihe. Die Gruppe, die die Aufgabe am schnellsten erledigt, hat gewonnen.

Von den Tücken der Umrisslinie

Wenn man einen Gegenstand zeichnet, verwendet man die Linie zuerst als Umrisslinie (auch Kontur genannt), um die Form des Gegenstandes zu bestimmen.

Antoine de Saint-Exupery: Der kleine Prinz

Als ich sechs Jahre alt war, sah ich einmal in einem Buch über den Urwald, das „Erlebte Geschichten" hieß, ein prächtiges Bild. Es stellte eine Riesenschlange dar, wie sie ein Wildtier verschlang.
In dem Buche hieß es: „Die Boas verschlingen ihre Beute als Ganzes, ohne sie zu zerbeißen. Daraufhin können sie sich nicht mehr rühren und schlafen sechs Monate, um zu verdauen."
Ich habe damals viel über die Abenteuer des Dschungels nachgedacht, und ich vollendete mit einem Farbstift meine erste Zeichnung. Meine Zeichnung Nr. 1. So sah sie aus:

Ich habe den großen Leuten mein Meisterwerk gezeigt und sie gefragt, ob ihnen meine Zeichnung nicht Angst mache.
Sie haben mir geantwortet: „Warum sollen wir vor einem Hute Angst haben?"
Meine Zeichnung stellte aber keinen Hut dar. Sie stellte eine Riesenschlange dar, die einen Elefanten verdaut. [...]

Finde Gründe dafür, warum der kleine Junge missverstanden wurde. Was müsste er anders machen?

Zeichnen = Zeichen finden für ... 43

Nehmt einen Bogen Kohlepapier und paust von Illustriertenabbildungen die Umrisslinien der Gegenstände ab. Kann man noch erkennen, was auf dem Foto abgebildet war?
Was erkennt man nicht mehr?

Zeichne in dein Skizzenbuch weitere Dinge, die die Boa verschluckt haben könnte.
Lass die Erwachsenen raten.

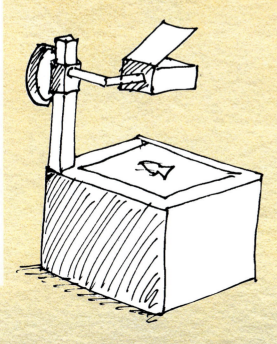

Zeichnet Umrissformen von Gegenständen auf Papier, schneidet sie aus und legt sie auf den Overheadprojektor.
Können die anderen das Schattenbild erraten?
Sucht gemeinsam nach den Ursachen, wenn es nicht klappt.

Grafische Mittel

Die Linie als Schraffur

Kann Stummel zaubern?

Nein, das ist keine Zauberei!
Um aus einer Fläche einen Körper zu machen, muss man Licht und Schatten angeben. Die Schattierung erzeugt man in der Zeichnung mit einer Schraffur. Das sind viele kleine Linien, die dicht nebeneinander gezeichnet werden und damit eine Dunkelheit erzeugen. Man nennt dies Binnenschatten.
Auch der berühmte Leonardo da Vinci (1452–1519) hat das in seiner Zeichnung gemacht.

Leonardo da Vinci: Studie zu einem Engelskopf, 1493

Zeichnen = Zeichen finden für ... 45

Gegenstände haben nicht nur Binnenschatten, sondern werfen auch selbst einen Schatten. Diese Schatten nennt man Schlagschatten.
Verstehst du, warum die Kugel einmal vor Stummel auf dem Boden liegt und wie er es mit dem Schlagschatten schafft, sie zum Schweben zu bringen?

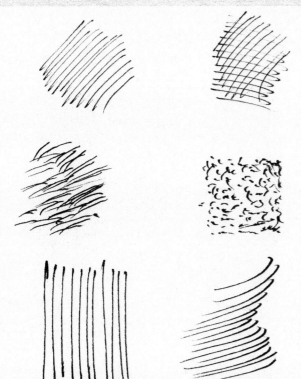

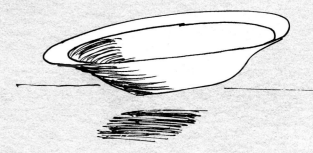

Es gibt sehr viele Arten, eine Schraffur zu zeichnen. Hier siehst du nur eine kleine Auswahl.
- Experimentiere in deinem Skizzenblock und suche weitere Möglichkeiten.
- Zeichne in deinen Skizzenblock fliegende Objekte, die du nur durch den Schlagschatten schweben lässt.

Grafische Mittel

Muster

Oft fragen mich meine Benutzer: Wie kann ich denn eine Frisur, einen Baum oder einen Stoff zeichnen, ohne jedes Haar, jedes Blatt und jeden Faden zeichnen zu müssen?

Das Millionenproblem

Schau dir die nebenstehende Zeichnung einmal genau an? Kann man sagen, aus welchem Material das Haus gebaut ist und womit das Dach gedeckt ist? Was ist um das Haus herum? Was für ein Weg führt zu ihm hin? Was für ein Baum steht davor?

Nur so viel wie nötig!

Oft genügt es, das Muster nur an einigen Stellen des Gegenstandes anzugeben. Der Betrachter bezieht diese Angabe dann auf das gesamte Bild. Erinnerst du dich: Zeichnen heißt, Zeichen finden für etwas.

Zeichnen = Zeichen finden für … 47

Es ist nicht immer einfach, das richtige Muster für eine Oberfläche zu finden. Man muss ganz genau hinschauen und überlegen, was typisch für das Muster ist. Sind es z. B. einfache kurze gerade Striche wie in der Abbildung oben oder sind es kleine gebogene Linien wie in der Abbildung unten?

Muster können verschieden eingesetzt werden:
Als Strukturen geben sie den Aufbau von Dingen an, die sich aus vielen kleinen Teilen zusammensetzen. Dies sind beim Plüschtier die vielen Haare.
Als Texturen geben sie an, was typisch für die Oberfläche ist und aus welchem Material der Gegenstand besteht. Beim Plüschtier stellt man so dar, dass die Oberfläche schön weich ist.

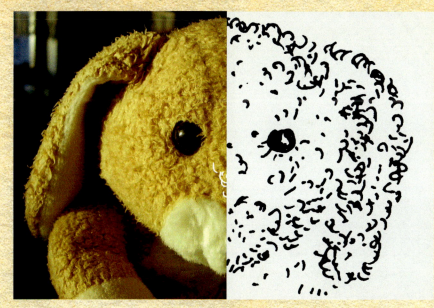

Achte in deiner Umgebung einmal genauer auf die verschiedenen Oberflächen der Dinge. Macht in der Klasse einen Wettbewerb: Wer findet die meisten Begriffe für Muster, z. B. gemauert, wellig, gesprenkelt …
Lege in deinem Skizzenbuch eine Sammlung von möglichst vielen Mustern an.

Grafische Mittel

Mein Skizzenbuch

Leonardo da Vinci hat nicht nur die berühmte „Mona Lisa" und das „Letzte Abendmahl" gemalt, sondern auch ganz schön lustige Bilder von Menschen. Man nennt diese Art der Zeichnung Karikatur.
Schau dir einmal genau an, wie er die Haare gezeichnet hat.

Nun wird es Zeit, dass Stummel zum Friseur geht. Zeichne ihn in dein Skizzenbuch mit möglichst vielen unterschiedlichen Frisuren, damit er sich die heraussuchen kann, die ihm am besten steht.

Leonardo da Vinci: Karikaturen, um 1500

Grafische Mittel

Warum zeichnen wir überhaupt?

Spuren hinterlassen

Die Zeichnung ist eines der ältesten Ausdrucksmittel, das wir besitzen. Aber warum zeichnen wir überhaupt?

Vom Spaß daran,
eine Spur zu hinterlassen.

Wenn Kinder einen Stift halten können, das ist bereits im Alter von ungefähr einem Jahr der Fall, beginnen sie zu zeichnen, ohne dass man sie dazu auffordern muss. Sie kritzeln auf alles, worauf man kritzeln kann – notfalls auch auf die frisch gestrichene Zimmerwand oder in Muttis Lieblingsbuch.
Das stört die Kleinen gar nicht, denn sie haben etwas Wichtiges für sich entdeckt: Sie existieren und können etwas bewirken. Sie erkennen den Zusammenhang zwischen ihrer Bewegung und der Spur, die sie erzeugt und das macht ihnen einen Heidenspaß. Deshalb, wenn sie einen Stift erwischen … Nein, bitte nicht, doch nicht in dieses Bu…

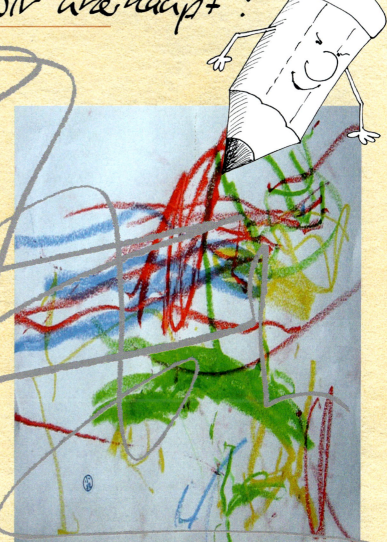

Und du?
Bestimmt hast du auch so etwas angestellt, als du klein warst. Frage deine Eltern, vielleicht gibt es ja noch eine Spur von dir? Dann fotografiere sie oder schreibe einfach eine kleine Geschichte auf.

Hurra, ich bin!

Spuren

Mein Skizzenbuch

Marcel Duchamp: L.H.O.O.Q., 1919

In deiner Umwelt findest du überall Spuren, die Menschen absichtlich hinterlassen haben:

Spuren

Das ist doch …
… ja richtig, es ist die berühmte Mona Lisa von Leonardo da Vinci. Aber da stimmt etwas nicht! Marcel Duchamp hat sie 1916 auf einer Postkarte „verunstaltet". Er wollte damit erreichen, dass die Leute über den Wert von Kunst nachdenken.

Finde weitere Beispiele, zeichne sie in dein Skizzenbuch. Du kannst auch Fotos machen und diese einkleben.
Überlege, warum diese Zeichnungen entstanden sind.

Warum zeichnen wir überhaupt? 51

Nicht nur Kinder hinterlassen gerne Spuren – das haben unsere Vor-Vor-Vor-Vorfahren auch schon getan. In einer Höhle in Lascaux haben die Bewohner vor ungefähr 14000 Jahren dieses Bild an die Wand gezeichnet.

Die Zeichnungen wurden mit Farben aus Erde und Pflanzen und aus Kohle an die Wände gezeichnet. Die Pigmente haben sich mit dem Stein der Wände verbunden und so sind die Farben in den geschützten Höhlen bis heute erhalten geblieben.

Höhlenmalerei in Lascaux, ca. 14000 v. Chr.

Betrachten und besprechen

Erzähle die Geschichte, wie du dir sie denkst. Warum die Höhlenmenschen an die Wände gezeichnet haben, ist bis heute noch nicht ganz sicher geklärt. Welche Erklärung findest du?

Was würdest du heute aus deinem Lebensalltag an die Höhlenwand zeichnen? Mache Entwürfe in deinem Skizzenblock.

Spuren

Das kann man nur zeichnen!

René Magritte: Das rote Modell, 1935

Surrealismus

René Magritte (1898–1967)

Es gibt Dinge, die könnte man nie fotografieren, aber man kann sie zeichnen. Denn zeichnen kann man alles, was man zeichnen kann!
Schau dir die beiden Bilder von René Magritte und Maurits Cornelius Escher an.
Du findest im Buch noch weitere Beispiele für solche Bilder.

Darf ich das?

Warum zeichnen wir überhaupt? 53

Maurits Cornelius Escher (1898–1972) wurde bekannt durch seine unmöglichen Figuren und geheimnisvollen Bilder.

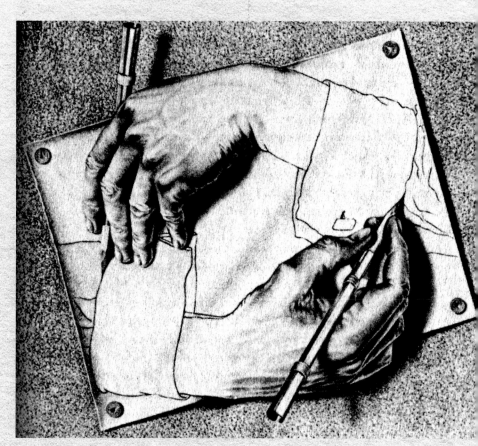

Maurits C. Escher: Zeichnende Hände, 1948

Lass dir auch Dinge einfallen, die man nur zeichnen kann, weil es sie in der Wirklichkeit nicht gibt, und zeichne sie in deinen Skizzenblock.
Lass deiner Fantasie freien Lauf!

Surrealismus

Frottage   Materialsammlung   Collage   Nachdenken über Kun
Gestalten mit Ton   Erdfarbe
LandArt   Steine

Wind Feuer Sand Kohle Wasser Schnee Blätter Eis
Blumen Meer
Glas
Bäume Lava Felsen
Eis Lehm Äste Wüste Laub Vulkane

Die Natur wird zur Kunst

Robert Smithson: Spiral Jetty, 1970, Ø 450 m

Schließe die Augen und mache einen Gedankenspaziergang durch das Kunstwerk.
Konzentriere dich darauf, was du sehen, hören, riechen und fühlen kannst.

Landschaft gestalten

Michael Heizer: Double Negative, 1969

Land Art

Land Art bezeichnet Kunstwerke in der Natur, bestehend aus Elementen der Natur. Es gibt fast unscheinbare, stille Kunstwerke aus Naturmaterialien, aber auch riesige.

Der Künstler Michael Heizer sprengte für sein Kunstwerk „Double Negative" mit Dynamit einen geraden Graben in die Wüstenlandschaft bei Las Vegas und ließ dann das Material mit Bulldozern beiseiteschaffen. Der Graben ist 457 Meter lang, 9 Meter breit und 15 Meter tief. 240 000 Tonnen Gestein mussten für die Schaffung des Grabens bewegt werden – das sind etwa 10 000 große Lkw-Ladungen!

Prüft, ob ihr die Ausmaße des Werkes im Schulhof oder auf einer Wiese abstecken könnt.

Landschaft gestalten 57

Michael Heizer: Double Negative, 1969 (Teilansicht)

Du kennst sicherlich den Ausdruck, Ehrfurcht vor der Natur zu haben – vor einem Gebirge oder vor der Gewalt des Meeres. Heizer sagt, er möchte mit seinem Kunstwerk ein Gefühl dieser Ehrfurcht erzeugen.

Stell dir vor, du stehst mitten in dem Graben, den du auf dem Bild siehst. Lass deinen Blick an den Wänden entlangwandern. Was empfindest du?

Land Art

Ordnungen finden

Steinschätze

Legt gemeinsam eine Steinsammlung an.

Gruppiert sie: runde, zackige, grünliche …

Beachte auch die **Strukturen** der Steine.

Ordnungsprinzipien

Erste Versuche: Probiert mit euren Steinen eigene Anordnungen aus. Was wirkt besonders gut?

Andy Goldsworthy:
Zerbrochene Steine mit einem anderen Stein weiß zerkratzt, St. Abbs, Schottland, 1. Juni 1985

Ordnungen finden 59

Betrachten und besprechen

Zerbrochene Steine: Andy Goldsworthy hat für dieses Kunstwerk die Steine nicht nur einfach als Spirale gelegt. Er hat mehrere Ordnungsmöglichkeiten eingesetzt. Sucht sie.

Verlauf der Bruchkanten

Größe

Anordnung

zerbrochene Steine

weiße Hervorhebungen

Verbindet mehrere Ordnungsmöglichkeiten zu einem eigenen Land Art-Objekt aus Steinen. Beachtet, dass der Untergrund entscheidend ist für die Wirkung. Sucht geeignete Plätze auf dem Schulgelände.

von hell nach dunkel
scharfe Kanten nach außen
von groß nach klein
Maserung in derselben Richtung
von der Mitte nach außen
spiralförmig

Ordnungsprinzipien

Präsentieren und ausstellen

Wie wäre es, wenn ihr eure Kunstwerke anderen vorstellen würdet? Eine Führung: Lasst die anderen Schüler eure Ordnungskriterien erraten. Eine Fotoausstellung: Achtet auf große, scharfe Fotos. Verwendet Papier als Untergrund, das gut zu den Farben eurer Steine passt.

Die Natur wird zur Kunst

Andy Goldsworthy

Betrachten und besprechen

Suche dir ein Land Art-Kunstwerk von Goldsworthy aus und erkläre seine Besonderheit. Nimm die Zitate zu den Kunstwerken zu Hilfe.

Andy Goldsworthy: Zerbrochener Eiszapfen mit Spucke wieder zusammengefügt, Arbeit nur morgens bei Frost möglich, über Nacht in einem Unterstand für Schafe aufbewahrt, Langholm, Schottland, 22.–23. Februar 1986

Andy Goldsworthy wurde 1956 in England geboren. Er geht in der Natur auf Entdeckungsreise und schafft mit Naturmaterialien vergängliche Kunstwerke. Dabei bestimmt die Natur den Charakter seiner Land Art. So wirken seine Arbeiten aus dem regnerischen Schottland ganz anders als die aus der australischen Wüste oder der eisigen Arktis.

Andy Goldsworthy: Ahornblätter, ein Blatt auf einem Kuhfladen gefunden, schwarz gefärbt; eines in einem Blaubeerbusch verfangen, von Sonne und Wind ausgebleicht, Bentham, England, März 1980 und Middleton Woods, England, Januar 1981

Andy Goldsworthy: Morgenstille, Weidenruten in den Seegrund gesteckt, durch ihre eigene Reflektion vollendet, Derwent Water, England, 20. Februar und 8.–9. März 1988

Kunst mit Natur

Alles Bäume?

Max Ernst: Blättersitten, 1925

Frottage

Max Ernst (1891–1976) ist ein wichtiger Künstler des Surrealismus. Er entwickelte die künstlerische Technik der Frottage, um seine Fantasiewelten darzustellen.

Sicherlich hast du schon einmal Münzen durch Papier hindurchgerieben. Diese Technik nennt man Frottage. Du kannst sie auch bei Blättern anwenden. Sammle unterschiedliche Blätter: Runde, längliche, gezackte, gefiederte – probiere aus.

Kunst mit Natur 65

Max Ernst: Laub, 1925

Im Bild „Laub" hat Max Ernst die Frottagetechnik unterschiedlich eingesetzt. An einigen Stellen hat er ganze Blätter durchgerieben, an anderen nur Teile. So konnte er Naturformen übernehmen und eigene Formen mit Texturen füllen.
Mit unterschiedlich harten Stiften erzielte er vielfältige Grauwerte. Das farbige Papier verleiht dem Bild einen warmen Grundton. Durch die weiße Übermalung heben sich die Formen gut vom Hintergrund ab.

Blätter werden zu fantastischen Schmetterlingen, seltsamen Insekten, Waldfeen, Drachen: Fertige eine Frottage mit Blättern an. Lass dich dabei von den Formen und Texturen der Blätter anregen. Ergänze mit gezeichneten Einzelheiten. Nutze die Beobachtungen von Max Ernsts Frottage.

Frottage

Die Natur wird zur Kunst

Malen mit Erde

Rolf Iseli: Ein Bruder des Homme cactüsse, 1973

Rolf Iseli: Eintreten in den großen Stein, 1989

Der Künstler Rolf Iseli ist ein Sammler. Was er sammelt? Erde in verschiedenen Farbtönen, mit Sandkörnchen, lehmige Erde. Was er damit macht? Malen! Für sein Bild „Eintreten in den großen Stein" hat er zunächst durch eine Frottage die Oberfläche eines Steinblocks auf Papier übertragen. Wie er weiterarbeitete, beschreibt ein Journalist:

„Später, vor dem Atelier, streicht Rolf Iseli weißen Leim in breiten Spuren auf den Abdruck. Mit einer Maurerkelle stäubt er rotbraune Weinbergerde, oftmals gesiebt und mit einem Vorschlaghammer gestampft. Er rüttelt, und was der Leim erfasst, bleibt hängen. Dann bürstet er die Reste ab, wiederholt den Vorgang. Schicht legt sich auf Schicht. Der Maler kratzt, schabt, ratscht mit Kelle und spitzem Schraubenzieher über das Papier […]."

Betrachten und besprechen

Schau dir die Bilder an und suche Stellen, an denen du die beschriebene Arbeitsweise erkennen kannst. Finde auch Stellen, die anders hergestellt wurden.

Farbe als Material

Kunst mit Natur 67

Farbe aus Naturmaterialien könnt ihr selbst herstellen. Macht Versuche. Je dicker ihr sie anrührt, desto kräftiger muss euer Malgrund sein.

Helle Erde, dunkle Erde, Asche, Sand, ...

Erde mit Kleister anrühren

Spanischer roter Ocker

Erde trocknen, zerkleinern und sieben

Erdfarbe auftragen: mit Pinseln, Spachteln, Fingern, ...

Braunocker aus Elba

Die allerersten Bilder der Menschheit, die wir heute als Höhlenmalerei bewundern, wurden mit Erdfarben gemalt.

Farbe als Material

68 Die Natur wird zur Kunst

Gebäude – aus Lehm gebaut. Ineinander verschachtelte Häuser, eine ganze Stadt – gigantisch!

Fenster

Türen

Treppen

Zinnen

Mauerwerk

Türme

Farbe als Material

Nimm als Malgrund ein großes Blatt aus kräftigem, sandfarbenem Papier. Eine Stadt im Felsen? Natürlich malst du mit deiner selbst hergestellten Erdfarbe. Trage sie mit einem Spachtel auf. Solange der Kleister feucht ist, kannst du die Farbe immer wieder „verschieben".

Formen mit Erde

Der Bildhauer Michelangelo hat den Moment festgehalten, in dem der Sklave erwacht. Er scheint sich mit Kraft aus dem Stein herauszurecken.

Michelangelo: Der erwachende Sklave, 1519 (Ausschnitt)

Betrachten und besprechen

Warum wirkt der Sklave so stark? Mache dich auf die Spur Michelangelos, indem du den erwachenden Sklaven mit einem Relief nachformst. Nimm dazu einen flachen Tonblock und schabe, drücke und schneide den Sklaven heraus. Glätte die Oberfläche der Figur mit feuchten Fingern.

Gilgamesch, der Held einer der ältesten Sagen der Menschheit, ist König des Landes Uruk.
Die Erdgöttin Auru erschafft ihm einen Gefährten – Enkidu.
Sie formt ihn aus ihrem Element, also aus Erde, und haucht ihm Leben ein.
Enkidu ist halb Tier, halb Mensch, am ganzen Körper behaart und auch so ist er ein wilder Kerl.
Gilgamesch hilft Enkidu, seine Wildheit zu zügeln und menschlicher zu werden. Gemeinsam bestehen sie viele Abenteuer.

Relief aus Ton

Ein wilder Kerl ganz aus Erde? Mit Ton klappt das. Forme ein Relief, das Enkidu in dem Moment zeigt, als er zum Leben erwacht. Bearbeite die Oberfläche des Tons so, dass sich Enkidu gut von seiner Umgebung abhebt.

Urgewalt Erde

Nicht immer ist die Erde so friedlich, wie ihr sie bisher kennengelernt habt. Manchmal entlädt sich die geballte Energie der Erde in einem Vulkanausbruch – ein gewaltiges Naturschauspiel.

Malerei

 Mit Wasserfarben kannst du faszinierende Feuerbilder malen. Arbeite mit großem Pinsel und so viel Wasser, dass die Farben ineinanderlaufen. Dein Feuerbild soll später noch weiter gestaltet werden.

Sucht die „heißesten" Ausschnitte und fotografiert sie. Vergrößert auf die Wand projiziert ergeben sich faszinierende Farbenspiele.

Urgewalt Erde 71

Lass es einmal richtig krachen! Mit deinem „Feuerbild"
als Untergrund kannst du einen gewaltigen Vulkanausbruch
gestalten.
Schneide oder reiße eine Vulkanform und gestalte Felsformen,
Lavaströme, Erdrisse, Explosionen.
Durch Verschieben kannst du die beste Wirkung zwischen Figur
und Hintergrund ausprobieren.

Betrachten und besprechen

Suche Stellen, an denen der Hintergrund als Form in den Vordergrund tritt. Erkläre diesen Effekt mithilfe der Figur-Grundbeziehung.

Jetzt kannst du dein Vulkanbild fertigstellen. Wenn du die beste
Wirkung erzielt hast, klebe die Teile fest.

Figur-Grundbeziehung

Was du hier entdecken kannst

Die Stilrichtung Expressionismus

- Farben, wie wir sie durch unsere Gefühle sehen
- Unterschiedliche Bilder, die trotzdem ähnlich aussehen
- Gabriele Münter, eine Malerin des Expressionismus

Architektur und Farbe

- Die nicht alltäglichen Häuser des Friedensreich Hundertwasser
- Ein selbst entworfenes, kunterbuntes Haus
- Kunterbunte und graue Häuser

Die Wirkung von Farben

- Farben, die Signale aussenden
- Farbkontraste und ihre Wirkung
- Kalte und warme Farben

Kunterbunt

Wassily Kandinsky: Das bunte Leben, 1907

Villa Kunterbunt

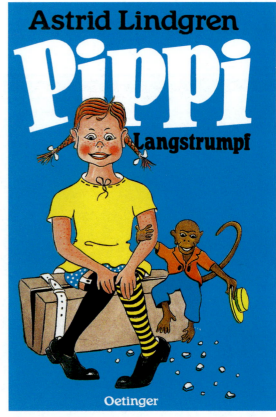

Architektur und Farbe

Ein Haus gibt Auskunft über seine Bewohner. Was die Villa Kunterbunt über Pippi erzählen kann?

Pippi tauscht mit den Leuten, die im unteren Gebäude leben, das Haus. Zeichne beide Häuser, wie sie ein Jahr später aussehen.

Die Häuser des Friedensreich Hundertwasser

Hundertwasserhaus in Wien

Architektur ist der Fachbegriff für alles, was mit dem Planen und Gestalten von Gebäuden zusammenhängt. Gebäude sollen stabil sein und die Funktion erfüllen, für die sie gebaut wurden: Wohnen, Arbeiten, Lernen, … Die Benutzer sollen sich in dem Gebäude aber auch wohlfühlen.

Die Fassade ist die Außenseite eines Gebäudes. Sie wird durch Fenster, Balkone, Schmuckformen, aber auch durch die Wandfarbe gestaltet. Häuser dürfen nicht einfach so gebaut werden, wie sich die Besitzer das wünschen. Ein Bebauungsplan schreibt vieles vor: Größe, Dachform, Fassadenfarbe, ja sogar die Pflanzen, die um das Gebäude gepflanzt werden dürfen.

Häuser können sympathisch wirken. Was lässt diese Fassade so freundlich aussehen?

Architektur und Farbe

Kunterbunt

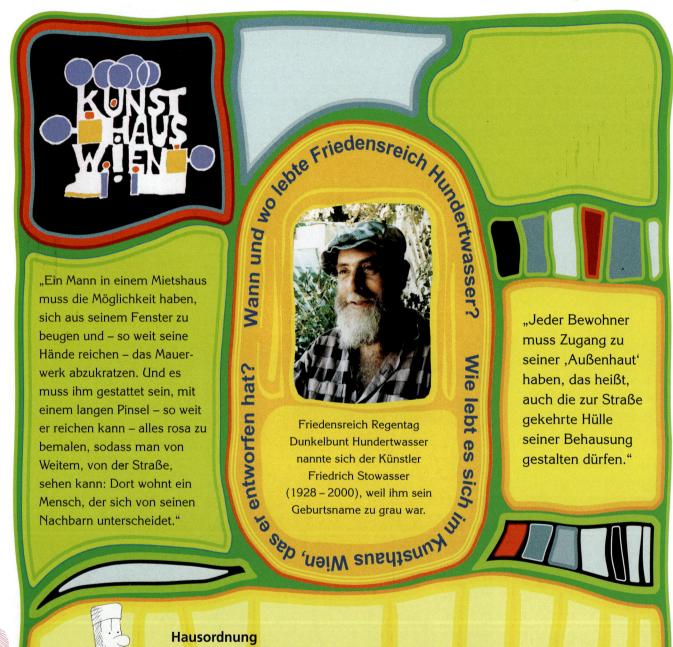

„Ein Mann in einem Mietshaus muss die Möglichkeit haben, sich aus seinem Fenster zu beugen und – so weit seine Hände reichen – das Mauerwerk abzukratzen. Und es muss ihm gestattet sein, mit einem langen Pinsel – so weit er reichen kann – alles rosa zu bemalen, sodass man von Weitem, von der Straße, sehen kann: Dort wohnt ein Mensch, der sich von seinen Nachbarn unterscheidet."

Wann und wo lebte Friedensreich Hundertwasser? Wie lebt es sich im Kunsthaus Wien, das er entworfen hat?

Friedensreich Regentag Dunkelbunt Hundertwasser nannte sich der Künstler Friedrich Stowasser (1928 – 2000), weil ihm sein Geburtsname zu grau war.

„Jeder Bewohner muss Zugang zu seiner ‚Außenhaut' haben, das heißt, auch die zur Straße gekehrte Hülle seiner Behausung gestalten dürfen."

Hausordnung
Entwirf eine Hausordnung, die von den Bewohnern verlangt, dass sie ihr Haus ständig verändern. Hole dir Anregungen aus Friedensreich Hundertwassers Gedanken zum Wohnen. Gestalte das Blatt.

Kurvenreich Stummelwasser

Architektur und Farbe

Villa Kunterbunt 77

Das Hundertwasserhaus in Altenrhein

Erfinde ein Gebäude, wie es Friedensreich Hundertwasser und dir gefallen würde: Schule, Stadion, Schwimmbad, …
Löst du die Aufgabe malerisch, dann verwende dunkles Papier als Malgrund und gut deckende Farben. Wie das die Farben zum Leuchten bringt, kannst du im Bild „Das bunte Leben" auf Seite 73 sehen.
Möchtest du das Haus bauen, verwendest du Papiermaché.

Innenhof des Hundertwasserhauses in Magdeburg

Betrachten und besprechen

Typische Fassadenformen und Bauelemente – typische Farben – wichtige Bereiche des Gebäudes – Gestaltung der Umgebung

- Umgebung des Gebäudes
- Pflanzen, die auf dem Haus wachsen
- Ruhezonen
- Spielgelegenheiten
- Türme
- Fenster
- Säulen
- Kuppeln
- Eingangsbereich
- Treppenhaus

Architektur und Farbe

Bunte Botschafter

Signale im Schilderwald

Farbe 1 fällt sofort auf. Sie wird mit starken Gefühlen verbunden und als Warnfarbe eingesetzt.

Farbe 2 wird, vor allem mit Schwarz zusammen, als Warnfarbe eingesetzt. Sie signalisiert: „Achtung!"

Farbe 3 wird einem Normalzustand zugeordnet: Die Straße darf bei ihr überquert werden, „…es Licht" wird gegeben, wenn etwas in Ordnung ist."

Farbe 4 ist eine eher zurückhaltende Farbe. Sie wird für normale Hinweise eingesetzt.

Signalfarben

- Die Bedeutung der Verkehrsschilder kennst du. Welche Signalwirkungen haben die Farben?
- In allen Ländern wird die Wirkung von Farben verstanden. Du kannst das mit Verkehrsschildern aus der ganzen Welt beweisen. Suche im Internet.

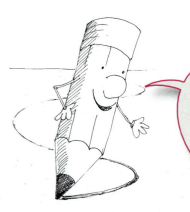

Eine graue Schutzweste für Arbeiter auf der Autobahn?

Bunte Botschafter

Tiere geben Signale

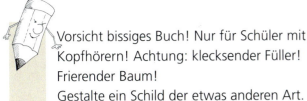

Vorsicht bissiges Buch! Nur für Schüler mit Kopfhörern! Achtung: klecksender Füller! Frierender Baum!
Gestalte ein Schild der etwas anderen Art. Dein Schild muss auf einen Blick lesbar sein. Stelle also keine Geschichte dar, sondern ein Piktogramm.

Betrachten und besprechen

Wichtig dabei: Klare Zeichnung – keine unnötigen Details – ohne Worte erkennbar – Signalfarben gezielt eingesetzt.

Auch in der Natur kommen Signalfarben vor.

Vorsicht giftig! Achtung gefährlich! Hallo Weibchen, hier bin ich! Ordne den Tieren zu.

Signalfarben

Vielfalt der Kulturen

Jede Schulklasse ist ein kunterbunt zusammengewürfelter, netter „Haufen". Die Familien der Kinder kommen aus den unterschiedlichsten schafft: technische Gegenstände, Kleidung, Sprache, und natürlich auch Kunstwerke. So gesehen ist Kultur ein Gegensatz zur Natur. Je Kälte und Nässe schützen, die der Wüstenbewohner vor Sonne und Sand. In Kunstwerken Europas finden sich Anspielungen auf die da Aussagen Mohammeds überliefert sind, in denen er die Darstellung von Figuren als Vergehen bezeichnet. Daher finden sich dort

Die Kulturvielfalt in eurer Klasse lässt sich gut darstellen. Für dieses Projekt müsst ihr zuerst Informationen sammeln: Aus welchen Ländern kommen eure Eltern? Wie kleidet man sich und was isst man dort? Welche Bräuche gibt es? Wie sehen die Flaggen aus und was bedeuten ihre Farben und Symbole? Sucht Kunstwerke bedeutender Künstler und vergleicht, ob sich darin auch typische Merkmale erkennen lassen. Das ist schwer, denn Kunst ist nicht immer „typisch". Euch fällt bestimmt noch viel mehr ein!

Ländern aller Kulturerdteile. Das macht das Zusammenleben vielfältig und interessant. Als Kultur wird alles bezeichnet, was der Mensch nach Lebensumständen haben sich im Lauf der Jahrhunderte unterschiedliche Kulturen gebildet. Kleider der Inuit müssen vor allem vor Sagenwelt unserer alten Kulturen. In der Kunst islamischer Kulturen werden dagegen seit über 1000 Jahren kaum Geschichten dargestellt, prächtige Muster und Ornamente. So verraten Kunstwerke viel über typische Eigenheiten der Kultur, in der sie entstanden sind.

Präsentieren und ausstellen

Da dies ein Gemeinschaftsprojekt ist, müsst ihr euch einigen: Plakate, Wandzeitung, Flur des Schulgebäudes, gemeinsame Gestaltungsideen, künstlerische Technik bei Bildern, Schriftmerkmale bei Texten. Dieses Projekt wird noch interessanter, wenn ihr die anderen Schulfächer mit einbezieht.

Stellt die bunte Vielfalt eurer Klasse im Überblick dar: Flaggenrätsel, Anziehpuppen mit Festtagskleidung, Porträts der Heimatstädte oder -dörfer, Selbstdarstellungen auf einer Klassenweltkarte, typische Kunst, eure Großeltern und wie sie leben.
Oder ihr inszeniert ein Vielsprachenrestaurant als kleines Theaterstück.

Kunst und Kulturen

Große Farbzauberinnen

Die Zauberin Komplementia

Ihr Malschüler von hier und da,
Ich bin's, Komplementia!
Ich hör' schon, wie so mancher spricht:
'ne Zauberin – das gibt's doch nicht!

Wer zweifelt, ja dem werd' ich gleich
das Näschen färben: rosa, bleich,
grün gestreift und blau kariert,
ich wette, dass er's so kapiert.

Oh, wenn doch alles, was so lieblich nett,
'nen heftig and'ren Farbton hätt'.
„Hokus Pokus Eulenkrätze!",
schon gibt's die schönsten Gegensätze.

Im Reich der Farben gibt es den Komplementärkontrast.
Finde die Komplementärfarben zu rot, gelb und blau.

Ferienzeit! Ein ganzes Jahr harte Zauberarbeit liegt hinter Komplementia. Sie kann stolz auf sich sein: Stürme kochen, Sachen verschwinden lassen, Kindern helfen – was gerade so anstand. Die beste Entspannung findet Komplementia in der Natur: saftige Wiesen, strahlend blauer Himmel, Schäfchenwolken, Äpfel pflücken, den gelben Löwenzahn sammeln für die geliebte Blümchenmarmelade, ein Picknick mit Gänsewein aus dem Brunnen – herrlich.
Wenn sich Komplementia dann absolut zauberwohl fühlt, spielt sie der Natur manchmal einen Schabernack: Sie verzaubert die Farben. Wiesen, Bäume, Blumen, die Hütte am Wegrand, das Pferd am Zaun und sogar der Himmel – alles bekommt seine Komplementärfarbe verpasst.

Male Komplementias verzauberte Ferienwelt.

Farbkontraste

Gabriele Münter – eine Farbzauberin mit dem Pinsel

Gabriele Münter wird 1901 nicht zum Kunststudium zugelassen. Nicht, weil sie unbegabt gewesen wäre. Nein, in ihrer Zeit war man der Meinung, Frauen bräuchten kein Studium. Was für eine altmodische Zeit! Wenn Gabriele Münter damals aufgegeben hätte, gäbe es heute ihre herrlichen Bilder nicht!

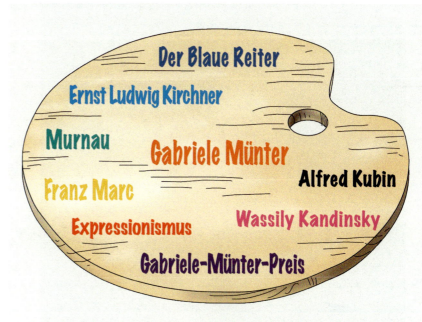

Gestaltet Plakate zu Münters Leben und Kunst.
Tipp: Ihr werdet feststellen, dass über Kunst viel geschrieben wird, was nur schwer verständlich ist. Gute Fundorte sind Kinderlexika und Kunstbücher für Kinder. Im Internet sucht ihr am besten über die Suchbegriffe „Kunst für Kinder". Schreibt nur auf, was ihr auch erklären oder zeigen könnt.

Gabriele Münter: Jawlensky und Werefkin, 1909

Kunterbunt

Gabriele Münter: „Drei Kreise" bei Cademario, 1936

Betrachten und besprechen

- Bildtitel geben oft wichtige Hinweise. Suche die drei Kreise, die im Titel des Bildes angesprochen sind.
- Der See scheint von innen heraus zu leuchten. Wie wurde das erreicht?

An den blauen See grenzen blaue Berge. Verglichen mit der Helligkeit des Sees … Die Felsen im Vordergrund sind mit den Farben … gemalt. Die Wiese zwischen Felsen und See ist grün. Grün ermischt man mit den Farben … See und Felsen bilden farblich fast einen …kontrast.

Münter beschränkt die Farbpalette des Bildes. Finde heraus, welche Wirkung dadurch entsteht, indem du ihr Bild mit dem des Badesees vergleichst.

Ufo im Urwald abgestürzt! Schatz der Nibelungen gefunden! Popstars beim Auftritt!
Male ein Bild, in dem die Sensation durch Komplementärfarben vom Hintergrund deutlich hervorgehoben wird. Eine Ordnung der Farben zeigt dir der Farbkreis.

Farbkontraste

Die Farben eines Bildes untersuchen

Betrachten und besprechen

- Stellt einen Farbauszug her, der die Komplementärfarben des Bildes darstellt. Teilt euch auf: Komplementärkontrast zu rot – zu blau.
- Farben haben einen Temperaturwert. Du entdeckst leicht, wo in den Bildern die wärmste Stelle ist.

- Farben mischen muss geübt werden: Halte möglichst viele Farbabstufungen einer Farbe auf Papierquadraten fest. Es gibt kalte und warme Farben. Aber auch innerhalb einer Farbe gibt es kältere und wärmere Töne. Legt mit euren Quadraten „Farbstraßen" von warm nach kalt.
- Ein Dessertteller mit riesengroßen Eiskugeln, übergossen mit heißen Fruchtsoßen – der Kälteofen, der mitten im Sommer frostige Kühle langsam im heißen Zimmer verteilt. Male ein Bild, bei dem der Kalt-Warm-Kontrast heimlicher Hauptdarsteller ist.

Gabriele Münter: Landschaft mit Kühen, 1913

Gabriele Münter: Landstraße im Winter, 1911

Farben werden aktiv

Stimmungen

Emil Nolde: Im Zitronengarten, 1933

Die oft sehr großen Bilder von Gotthard Graubner werden auch „Kissenbilder" genannt, weil sie mit Watte gefüllt sind. Mit breiten Pinseln trägt er seine Farben auf der Leinwand auf. Dies geschieht in vielen Schichten. Durch Verdichtung und Überlagerung der verschiedenen Farben entstehen die „Farbraumkörper", wie der Künstler seine Werke nennt. Die Farbe atmet.

Der Künstler Wassily Kandinsky hat über die Besonderheit der Farben nachgedacht:

„Das Auge wird mehr und stärker von den helleren Farben angezogen und noch mehr und noch stärker von den helleren, wärmeren: **Zinnoberrot zieht an und reizt**, wie die Flamme, welche vom Menschen immer begierig angesehen wird. Das grelle Zitronengelb tut dem Auge nach längerer Zeit weh, wie dem Ohr eine hochklingende Trompete. **Das Auge** wird unruhig, hält den Anblick nicht lange aus und **sucht Vertiefung und Ruhe in Blau oder Grün**."

Gotthard Graubner: Farbraumkörper – Die Farbe ist rund, 1985, 243 x 243 x 20 cm

Farbwirkung

Farben werden aktiv 87

Kazuo Katase: Fisch + Schiff – leer + mehr, 1985

Verschiedene Farben sehen wir, weil unterschiedliche Materialien das Licht jeweils anders zurückwerfen. Warum dann nicht gleich mit Licht „malen"? Hier haben Künstler ganze Räume mit farbigem Licht gestaltet.

Betrachten und besprechen

Suche in den Bildern dieser Doppelseite Stellen, wo deutlich wird, was mit den hervorgehobenen Teilen des Zitats gemeint ist.

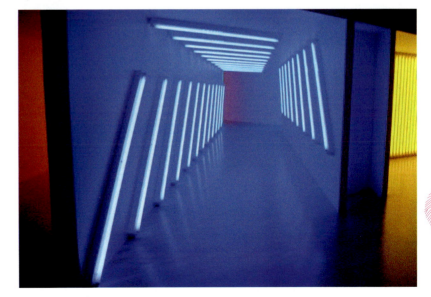

Dan Flavin: blue intensity, 2007

Farbwirkung

Farbe als Information

Oberrheinischer Meister: Das Paradiesgärtlein, um 1410

Auf den ersten Blick ein normaler Garten, für Kenner eine Darstellung des guten christlichen Lebens. Die Symbolfarben verraten, wer Maria ist und welche Eigenschaften die anderen Figuren symbolisieren.
Die Pflanzen sind ebenfalls Symbole. Sie sind ein Schlüssel zum Verständnis des Bildes. Du findest Akeleien, Erdbeeren, Gänseblümchen, Lilien, Nelken, Rosen, Veilchen.

Täuschungen mit Farbe

Je schneller, desto schwieriger. Sage laut die Farben auf, nicht die geschriebenen Wörter.

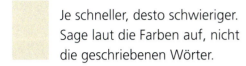

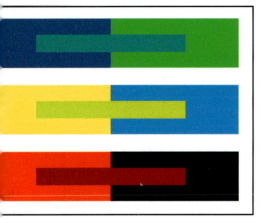

Sind die schmalen Balken in der Mitte einfarbig oder nicht? Decke ihre Umgebung ab, wenn du dir nicht sicher bist.

Ein Film im Buch? Solche Bilder kannst du mit dem Computer selbst herstellen. Nur für Hartnäckige!

Farbwahrnehmungen

Was mach ich draus?

- Mal(en) ohne Farbe
  – Weiß in Weiß
  – Mit Schere und Papier

Materialkunde

- Das Forschungsprojekt
- Materialerprobung
- Papier wächst auf den Bäumen?

- Dreidimensional
  – Räumliche Collage
  – Einfach riesig
  – Elfengeschichten
  – Grundwissen für Elfenarchitekten

- Alles ist möglich

Papier

Henri Matisse: Die Garbe, 1953

Dem Papier auf der Spur

Das Forschungsprojekt

Prof. Dr. Dr. Denker sitzt vor seinem Computer und arbeitet. Leise surrend rauscht sein kleiner Roboter „Housekeepingstar" um ihn herum und macht sauber, gibt dem Haustier frisches Futter und verschwindet wieder im nächsten Zimmer. Prof. Dr. Dr. Denker nimmt das gar nicht wahr, er ist zu sehr in seine Arbeit vertieft.

Gerade ist er dabei ... Puff! Plötzlich ist es stockdunkel, der PC hat sich verabschiedet und alles ist mucksmäuschenstill. „Was ist denn jetzt los?" Nervös hämmert er auf die Tasten seines Computers. Nichts geht mehr. „Wo ich doch gerade eine so zündende Idee hatte – die muss ich unbedingt aufschreiben, bevor sie sich in meinen Gehirnwindungen verliert!" Der Professor reibt sich die Augen. Aber es bleibt dunkel und still. Das muss ein flächendeckender Stromausfall sein! Was nun?

Prof. Dr. Dr. Denker sucht fieberhaft nach einer Lösung. Er erhebt sich vorsichtig von seinem Schreibtisch und tastet sich im Dunkeln voran. Irgendwo in der hintersten Ecke seiner Schublade müsste noch eine Kerze sein. „Au!" Er stößt sich den Fuß an der Kommode. Dann durchwühlt er die Schublade und: „Hier ist sie! Housekeepingstar, gib mir Feuer!" Das Büro des Professors erscheint im diffusen Licht der Kerze. „Schon besser", freut sich der Professor, „aber den Computer bring ich ohne Strom nicht zum Laufen." Prof. Dr. Dr. Denker kratzt sich am Bart. „Es muss doch einen Weg geben, wie ich meine Gedanken ohne PC festhalten kann. Zu Zeiten meines Ururgroßvaters hatten ja auch nicht alle Strom." Der Professor überlegt. Dann stapft er, im Schein der flackernden Kerze, hoch auf den Speicher. Die Tür knarrt und ihm kommt eine Staubwolke entgegen. „Irgendwo hier muss doch die alte Kiste von damals sein." Die Kerze gibt nur schwaches Licht ab, er kann kaum etwas sehen. Aber unter einer dicken Schicht Spinnweben, Dreck und Staub – im hintersten Teil des Dachbodens – entdeckt er die alte Holztruhe. „Mal sehen – hm, ich seh nicht viel." Der Professor greift in die Truhe, er tastet und fühlt ...

- Was könnte der Professor in dieser alten Truhe aus dem Jahr 2010 ertasten? Beschreibe die Geräusche, die dabei entstehen könnten.
- Findet er etwas, um seine Ideen notieren zu können? Führe die Geschichte schriftlich oder bildnerisch fort.
- Ein Leben ohne Papier? Beschreibe, was sich ändern würde.

Der Professor findet in der Kiste auch ganz altes Papier. „Das sieht aber ziemlich mitgenommen aus. Es könnte bestimmt eine Geschichte erzählen!"

Das Papier hat mehrere Stadien der Zerstörung durchlebt. Nimm fünf gleiche Papiere und stelle damit fünf Verwitterungs- oder Zerstörungsstadien dar.
Achtung: Jedes weitere Papier durchläuft auch alle vorherigen Stadien.

Papier unterscheidet sich nicht nur darin, was mit ihm gemacht wurde oder was es schon erlebt hat. Auch ganz neue Papiere können sehr unterschiedlich sein.

Denke nach, welche verschiedenen Papierarten du kennst. Versuche, sie zu benennen und zu beschreiben.

Materialerprobung

Mit den verschiedenen Papieren kann man einiges machen. Vieles kennst du aus Erfahrung. Um möglichst viele verschiedene Ver- und Bearbeitungsmöglichkeiten von Papier zu erproben, startest du am besten eine Versuchsreihe.
- Dabei verwendest du zuerst nur verschiedene Papiere.
- Im nächsten Schritt nimmst du zusätzlich eine Schere als Werkzeug hinzu und experimentierst weiter.
- Dann verwendest du anstatt der Schere Klebstoff.

Mal sehen, vielleicht eignen sich noch weitere Hilfsmittel oder Werkzeuge.

Dokumentiere deine Ergebnisse.

Das kann man machen	Was fällt mir dabei auf? (Beispiel einkleben)	Ideen: Wozu ist diese Eigenschaft gut?
falten	Es klappt mit dünnem Papier am besten. Bei dickem Karton ist es schwer und ungenau.	Flugzeuge bauen, Blüten und Sterne basteln, Servietten falten, ...

Tauscht eure Ergebnisse aus, ergänzt und erweitert eure Sammlung.

Papier wächst auf den Bäumen?

Prof. Dr. Dr. Denker schaut sich ein Papier mit der Lupe genauer an. Er erkennt Fasern. „Papier wächst auf Bäumen?"

Nein, natürlich nicht – Papier wächst nicht auf Bäumen. Ganz falsch ist die Idee aber nicht: Papier wird aus Holz hergestellt.

Das ist ganz ähnlich wie in der Natur:
Hast du schon einmal ein leeres Wespennest angefasst? – Es fühlt sich ein bisschen so an, als wären die Waben aus Papier. Das kommt daher, dass die Wespen zum Bauen ihres Nestes ähnliche Materialien verwenden wie wir bei der Papierherstellung.

Wie ein Wespennest entsteht:

Die Wespe knappert an einem Ast oder Stamm.

In ihrem Maul werden die Holzstückchen mit dem Speichel zu einem Brei zerkaut.

Aus diesem Brei formt sie Wabe um Wabe. So entsteht das Wespennest.

In der Papierfabrik benötigt man:

Holz → Es wird so zerkleinert, dass nur noch kleinste Fasern, der Zellstoff, übrig bleiben.

Leim → Er hält alles zusammen und ist dafür zuständig, dass das Papier nicht zu saugfähig ist, damit man darauf schreiben kann.

Zusätze → Wasser, Gips oder Ähnliches, Farbe

Informiere dich genauer über die Herstellung von Papier. Recherchiere dazu nicht nur im Internet.
Tipp: Papierhersteller haben oft Informationsbroschüren und bieten auch Führungen an.

Was mach ich draus?

Mal(en) ohne Farbe

„Uups, da hat sich die Münze in's Papier gedrückt. Sieht toll aus!", freut sich der Professor.

Den Abdruck, den die Münze auf dem Papier hinterlassen hat, nennt man Prägedruck.

Günther Uecker: Spirale, 2002

Prägedruck

Prägebilder können nicht nur durch jahrelanges Lagern unter vielen Papierstapeln in einer Holztruhe entstehen. Man kann auch selbst solche Drucke herstellen.

 Überlege, welche Gegenstände solche prägenden Spuren oder Abdrücke auf Papier hinterlassen könnten.

Cent-Herde, Ast-Schwarm, Buchstabensalat:
Sammle druckbare Gegenstände oder stelle eigene Druckvorlagen aus festem Karton her.
Lasse sie marschieren, purzeln, aufsteigen, sich drehen, …

Wichtige Ordnungsprinzipien sind:
Streuung, Ballung, Reihung, Gruppierung

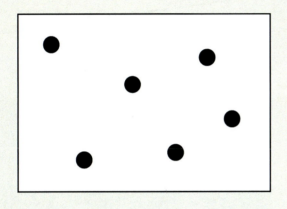
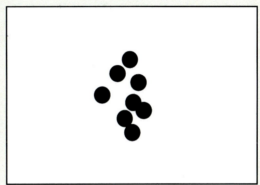
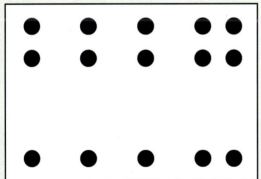
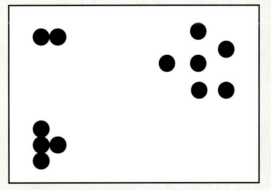

Stelle mehrere Drucke her. Verändere dabei auch die Lage der einzelnen Gegenstände oder tausche sie aus.

Präsentieren und ausstellen

Experimentiert: Wie kommen eure Prägedrucke am besten zur Geltung? Variiert die Beleuchtung und den Hintergrund – lasst den einzelnen Drucken genügend Raum.

... mit Schere und Papier

„Mmh, muss wohl eine alte Form einer E-Mail sein." Prof. Dr. Dr. Denker hält alte Postkarten seines Ururgroßvaters in den Händen. Er liest den Text des Freundes und schaut sich die Abbildung der Karte genauer an. „Henri Matisse heißt also dieser Maler." Der Professor schaut weitere Karten durch und findet eine ähnliche. „Sieht irgendwie auch nach Matisse aus. Ah, richtig!"

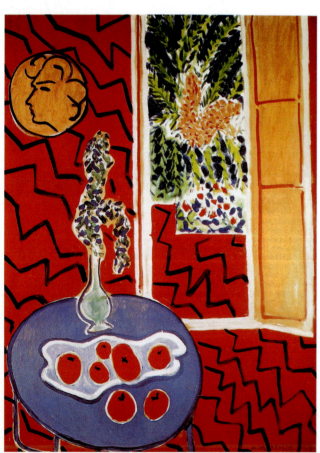

Henri Matisse: Rotes Interieur, Stillleben auf blauem Tisch, 1947

Henri Matisse: Ikarus, 1947

Was mach ich draus? **99**

Betrachten und besprechen

Schau dir die beiden Bilder von Matisse genau an und arbeite die Unterschiede heraus:
Beginne damit, die Farben, dann die Formen und die Motive zu beschreiben. Überlege dir, wie die beiden Bilder gemacht worden sein könnten.
Nutze auch die Ausklappseite 174.

Betrachte das Bild der Auftaktseite (S. 91) und recherchiere in Büchern oder im Internet: Was sind typische Formen, Farben und Motive von Matisse?
Nun ist es an dir: Stelle eine Collage mit typischen Formen von Matisse her.

Hier siehst du Henri Matisse (1869–1954), wie er Formen aus Papier schneidet. Er musste aufgrund einer schweren Krankheit längere Zeit im Bett bleiben und konnte deshalb nicht zum Malen aufstehen. So kam er auf die Idee, mit Schere und Papier zu „malen".

Kunstbetrachtung

Dreidimensional

Räumliche Collage

„Meistens wird Papier verwendet, um darauf zu schreiben, zu zeichnen oder zu malen. Dann bleibt das Papier flach auf dem Tisch liegen, zweidimensional – mit einer Länge und einer Breite", stellt der Professor fest.

„Aber da ist noch mehr drin. Es müsste doch möglich sein ..." Prof. Dr. Dr. Denker fängt interessiert an, einen alten Karton zu zerreißen und damit zu bauen. „Dreidimensional. Länge – Breite – Höhe!"

Kunstbetrachtung

Künstler haben auf unterschiedlichste Weise mit Papier gearbeitet. Sie waren sehr erfinderisch.
Um Kunstwerke zu verstehen, kann es dir helfen, zu betrachten, selbst auszuprobieren und zu handeln.
Auf der nächsten Seite siehst du ein Kunstwerk von Pablo Picasso. Das Geburtsland von Pablo Picasso ist Spanien. Die Gitarre ist dort ein Nationalinstrument.

Dreidimensional **101**

Verstehen durch Betrachten
Schau dir die Abbildung an. Versuche zunächst zu beschreiben: Material – Technik – Werkzeuge.

Verstehen durch Ausprobieren
Baue selbst ein Instrument. Verwende dabei überwiegend Pappe, Karton oder festes Papier, damit es stabil wird. Schau genau hin: Picassos Gitarre ist nicht geschlossen – setze das bei deinem Instrument um.

Verstehen durch Handeln
Verdunkle den Raum und beleuchte deine Plastik mit einer Taschenlampe. Beschreibe die unterschiedlichen Wirkungen und dokumentiere sie mithilfe von Fotografien.

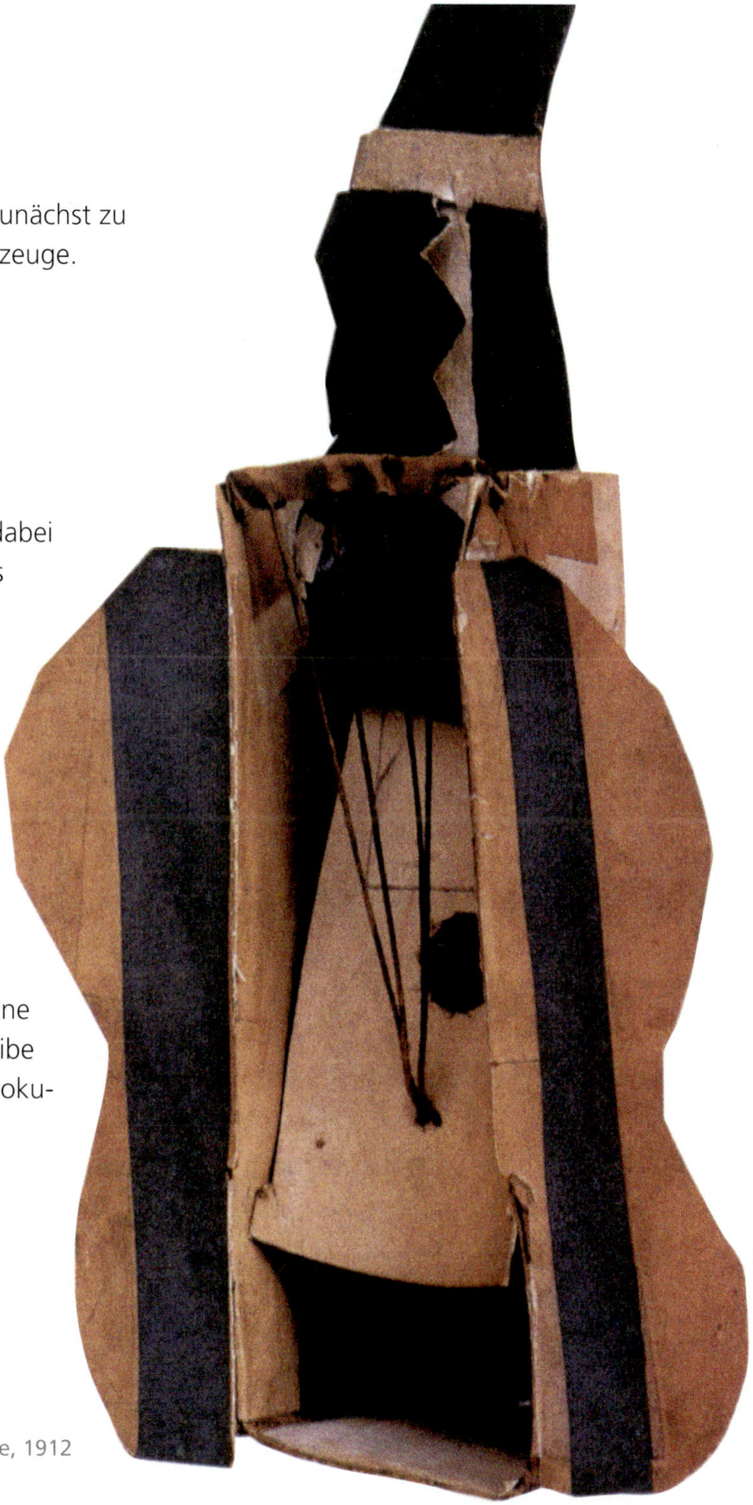

Pablo Picasso: Gitarre, 1912

Kunstbetrachtung

102 Papier

Die Plastik von Picasso und diese hier von Naum Gabo gehören der Stilrichtung des Kubismus an. Wichtig bei diesen Werken ist die Abwechslung zwischen Licht und Schatten und das Zusammenspiel von Flächen und Zwischenräumen.

Naum Gabo: Kopf einer Frau, 1917–1920

Licht und Schatten

Betrachten und besprechen

- Beginne an einer Seite des Kopfes, wandere mit dem Blick über das Kunstwerk und schreibe auf, worüber deine Augen gleiten: runde Fläche, schmaler Zwischenraum, kleine Fläche, großer „dreieckiger" Zwischenraum, …
  Kannst du den Weg deiner Mitschüler und Mitschülerinnen finden?
- Betrachte nun Hell und Dunkel, Licht und Schatten. Von wo aus fiel das Licht ein, als dieses Foto aufgenommen wurde?

Dreidimensional **103**

- Beschreibe, wie Gabo die Augen, Nase, Mund und Wangen darstellt. Taste dein eigenes Gesicht ab und fühle nach. Wo sind Unterschiede und Gemeinsamkeiten?
- Für Fortgeschrittene: Platziere das Licht in Gedanken an eine andere Stelle. Die Hell-Dunkel-Verteilung ändert sich. Skizziere die Plastik mit Bleistift.

Einige Seiten zuvor hast du etwas über die Ordnungsprinzipien Streuung, Ballung, Reihung und Gruppierung gelernt. Kannst du sie auch in diesen Plastiken finden?

Naum Gabo: Konstruktiver Torso, 1916/1917

Naum Gabo (1890–1977)

Du kennst jetzt viele Merkmale und Eigenschaften der Arbeiten von Naum Gabo. Nun ist es an dir, eine Figur oder ein Gesicht oder … aus dünner Pappe oder festem Papier herzustellen.

Kunstbetrachtung

Riesenhaftes – Elfenzartes

Kunst von Riesen?

Claes Oldenburg: Apple, 1992

Diese Plastiken wurden für riesige Bauwerke geschaffen. Sie sollen verblüffen.

Betrachten und besprechen

- Orientiere dich an den Gebäuden und schätze die Größe der Plastiken.
- Außer der Größe gibt es noch weitere Merkmale, die in Kontrast zu den Gebäuden stehen.

Sucht euch Alltagsgegenstände heraus, die ihr vergrößern möchtet. Stellt sie aus Papiermaché her.
Wo möchtet ihr euer Objekt präsentieren, um möglichst viele Leute zu irritieren?

Claes Oldenburg, Coosje van Bruggen: Dropped Cone, 2001

Riesenhaftes – Elfenzartes 105

ALLES IST MÖGLICH

„Hm, Plastiken für Bauwerke – aus Papier. Sind auch Bauwerke aus Papier möglich?" Prof. Dr. Dr. Denker findet einen Zeitungsausschnitt, den sein Ururgroßvater wohl spannend fand:

Dirk Donath: Afrika-Haus, 2007

Häuser aus Papier für die Dritte Welt

Es ist eine Vision, die das Gesicht der Dritten Welt verändern könnte. Ein Haus, das die Wellblechhütten der Elendsquartiere ersetzen soll. Der Clou: Das Grundmaterial ist Papier. Das Haus soll mindestens 50 Jahre halten.

Papiermaché ist ein einfaches und praktisches Material, es ist leicht herzustellen und unkompliziert in der Verarbeitung.
Schon im 18. Jahrhundert entdeckte man das Material als preisgünstige und raffinierte Alternative, um kostbare Edelmetalle und Marmor vorzutäuschen. Im Schloss Ludwigslust, in der Nähe von Hamburg, wurden Figuren und Verzierungen aus alten Akten hergestellt. Diese besondere Form des Papiermachés nennt man auch „Ludwigsluster Karton".

Architektur

Kunst für Elfen!

„Ein Schloss aus Papier?
Man kann einiges lernen von den Vorfahren. – Moment mal ... vorhin hatte ich doch so ein besonderes Papier. Dieses Wespenpapier, wo man die Fasern erkennen konnte. Da hat das Kerzenlicht so schön durchgeschimmert, könnte ich daraus nicht ein Luftschloss für meine Elfen bauen?" Ihm fallen die alten Geschichten ein, die sein Großvater erzählt hatte. „Ich sah die Elfen immer vor mir mit Flügeln, so zart wie Seifenblasen. Wenn ich nicht einschlafen konnte, baute ich in meiner Fantasie Häuser und Schlösser für sie – mit Wänden, so dünn und leicht wie Transparentpapier."

wabenähnliches Gebäude

leicht und zart

gewachsene Kammern und Räume

fantastisch – bezaubernd

schwebende Türme und Brücken

Schülerskizze

Stellt aus weißem oder farbigem Transparentpapier Elfenbehausungen her. Bestreicht es dazu mit Kleisterwasser und legt es in mehreren dünnen Lagen um Gefäße und Gegenstände, deren Formen euch gefallen. Streicht es glatt. Die trockenen Abformungen lassen sich schneiden und kleben – es entstehen Kammern, Räume, Gebäude.

Riesenhaftes – Elfenzartes 107

Moos   *versteckt*   *luftig*

Präsentieren und ausstellen

Präsentiert die Gebäude als Elfenstadt. Sollen die Häuser in den Bäumen schweben oder auf dem Waldboden stehen?

Tau   *Seifenblasen*   *Nebel*

Die berühmteste Elfe: Tinkerbell, die Gefährtin Peter Pans

Auf Island gibt es eine Elfenbeauftragte des Bauamtes. Diese berät beim Bau von Straßen, damit die Behausungen der Elfen, die für die meisten Menschen unsichtbar sind, nicht überbaut oder beschädigt werden. Prof. Dr. Dr. Denker weiß nicht, ob er an Elfen glauben soll. Aber bei einer Sache ist er sich sicher: Manche Ideen und Entwürfe von Architekten kommen ihm schon irgendwie elfenhaft vor.

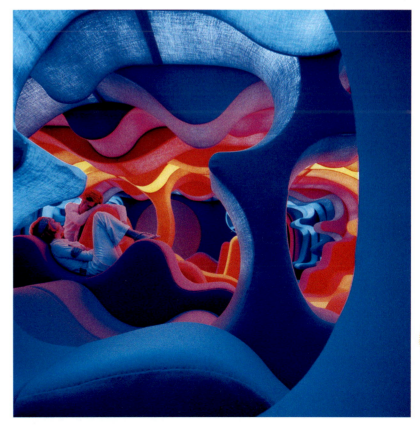

Schon im Jahr 1970 entwarf Verner Panton diesen Wohnraum. Ob auch er an Elfen gedacht hat?

Verner Panton: Phantasy Landscape Visiona 2, 1970

Architektur

Kunst für ...?

„Aber die Menschen haben früher doch nicht alle in Papierhäusern gewohnt!" Der Professor wundert sich, denn auch wenn ihm manche Bauwerke, die er kennt, riesenhaft oder elfenzart erscheinen – aus Papier sind sie nicht. Ganz unten im Postkartenstapel entdeckt er eine ganz vergilbte Ansichtskarte. „Hier zum Beispiel: Die Cheopspyramide", murmelt er. „2,5 Millionen Steinblöcke mussten aufgehäuft werden, 140 Meter hoch. Und das 2500 vor Christus – ohne Maschinen! Die Cheopspyramide fasziniert mich, seit mir mein Großvater davon erzählt hat." Gedankenverloren wühlt er in seinem Bart. „Eigenartig. Warum wollen die Menschen immer so hoch hinaus?"

Eine gute Frage! Lest die Informationen zu den Gebäuden und diskutiert darüber, warum die Menschen oft in so riesigen Ausmaßen bauen. Könnt ihr auch „Elfenzartes" an diesen Bauwerken entdecken?

Der Baumeister Ulrich von Ensingen (um 1350–1419) bekam den Auftrag, den höchsten Kirchturm des Christentums zu bauen. 500 Jahre dauerte es, bis das Ulmer Münster fertig war. Dafür besitzt es heute noch den höchsten Kirchturm der Welt.

Der Burj Dubai – er wurde in den Vereinigten Arabischen Emiraten gebaut, um dort das höchste Gebäude der Welt zu besitzen. Vor der Fertigstellung waren bereits größere geplant.

Wwwwuupp! „Na sieh mal einer an, der Strom ist wieder da." Das Licht blendet den Wissenschaftler nach so langer Dunkelheit. Der Professor pustet die Kerze aus und eilt an den Computer. „Das muss ich mir alles aufschreiben!" Er hat so einiges mit Papier ausprobiert und sehr viel erlebt, das möchte er nun alles dokumentieren. „Dieses Forschungsgebiet ist noch lange nicht erschöpft", ruft er und legt sich einen Stapel Papier bereit.

Du hast dich jetzt sehr intensiv mit Papier beschäftigt und dieses alltägliche Material ganz unterschiedlich be- und verarbeitet. Dabei sind dir sicherlich noch viele andere Ideen gekommen, was man mit Papier machen könnte. Erstellt eine große Mindmap und entwickelt eigene Aufgaben.

Ein Mann in Sportbekleidung. Er rennt. Verschiedene Kameraansichten fest, wann die unterschiedlichen Räume passiert werden. Er scheint schnell Alles scheint hier vorüberzuziehen. Nichts lässt sich scharf festhalten. Slotawa in einem „Museums-Sprint" in 1 Minute, 13 Sekunden und 26

Kunst zeigt Bewegung

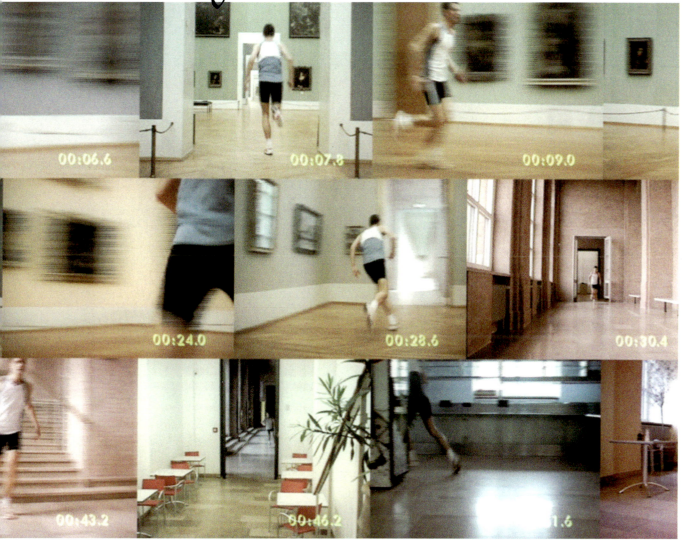

dokumentieren seinen Lauf. Wie mit einer Überwachungskamera halten sie zu sein: Die Räume, er selbst werden meist nur verschwommen festgehalten. So schnell wie sicherlich kein anderer Museumsbesucher durcheilt Florian Hundertsteln das Museum, die alte Pinakothek in München.

Bewegte Menschen

Die Bewegung des Körpers

Giovanni da Bologna: Merkur, 1564/65

Tilmann Riemenschneider: Adam, 1491/93

Notre Dame in Chartres, Eingangsportal, 1145–1155, Detailansicht

Raumgreifen in der Plastik

Wie fühlt sich diese Bewegung wohl an? Wie lange kannst du so stehen bleiben, ohne dich zu bewegen? Probiert es aus! Spannend wird dies, wenn ihr euch ganz weiß anzieht und euren Klassenraum abdunkelt. Mit einem Projektor könnt ihr jetzt das Bild auf euren Körper projizieren. Versucht, genau dieselbe Stellung einzunehmen.

Merkur, Adam, König – wie stehen die drei Figuren da?
steif – gedreht – ernst – schwerelos – starr – geschwungen – lässig – verspielt – abwartend
Ordne die Begriffe den Figuren zu. Ergänze weitere Begriffe.

starr – bewegt

Notre Dame in Chartres, Eingangsportal

Marienkapelle in Würzburg, Südportal

Die drei Figuren auf der linken Seite stellen unterschiedliche Typen von Plastiken dar: Säulenfigur – Nischenfigur – Freiplastik.
Warum sie so heißen, siehst du an ihrer Platzierung. Bei beiden Kirchen sind die Figuren als Bestandteil und Gestaltungelemente des Gebäudes im Portal angebracht.

Und warum nennt man wohl den Merkur von Giovanni da Bologna eine Freiplastik?

Jede dieser Figuren benötigt Raum. Zuerst den bildhauerischen Raum, den sie als Körper aus Stein oder Bronze ausfüllt. Gleichzeitig stehen sie dabei noch im Raum selbst, dem Umraum.
Stell dir vor, du stülpst jeweils eine enge Röhre über die Figuren. Je stärker die Figur den bildhauerischen Raum verlässt und in den Umraum vordringt, desto bewegter wirkt sie.

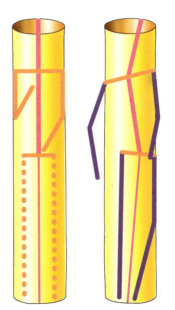
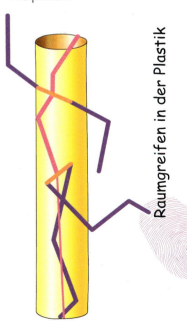

Raumgreifen in der Plastik

114 Kunst zeigt Bewegung

Forme aus Papier eine menschliche Figur, die sich in Bewegung befinden soll.
Du brauchst nur einen dickeren Karton als stabile Standfläche, auf dem du einen dünnen Draht für die Stabilität des Körpers befestigst. Mit etwas Klebeband kannst du das zur Figur geformte Papier fixieren.

Oder du baust dir aus verschiedenen Falzbögen einen Kastenmenschen. Damit die Proportionen bei deiner Figur auch stimmen, misst du deine eigenen Körperteile nach. Von jedem brauchst du drei Maße: die Höhe, Breite und Tiefe. Am besten trägst du deine Maße in eine Tabelle ein und rechnest sie dann in eine Größe für deine Figur um.

Schülerarbeit

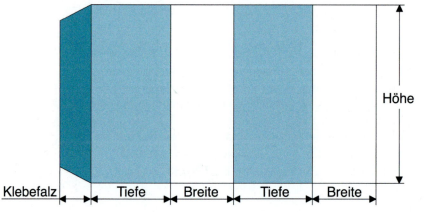

Raumgreifen in der Plastik

Bewegte Menschen **115**

Damit eine Figur möglichst lebendig aussieht, muss sie einen bestimmten Moment der Bewegung einfangen. Der Diskuswerfer von Myron ist ein Beispiel aus der griechischen Plastik, der diesen fruchtbaren Moment einfängt: Völlig konzentriert steht der Diskuswerfer da. Man kann sehen, wie er seinen Körper auf das Wegschleudern der Wurfscheibe vorbereitet hat. Im nächsten Moment wird er mit seiner ganzen Kraft, mit der Spannung, die er in seinem Körper hält, den Diskus wegschleudern. Der fruchtbare Moment hält genau den Zeitpunkt fest, der zwischen Wurfvorbereitung und dem Wurf selbst liegt.

Betrachten und besprechen

Welche Bewegungen im Körper des Sportlers gehören alle zur Wurfvorbereitung? Welche werden folgen?

Diskuswerfer des Myron, um 450 v. Chr. (römische Kopie)

Schülerarbeiten

Präsentieren und ausstellen

Stellt aus euren Figuren eine Figurengruppe zusammen. Achtet dabei auf unterschiedliche Ordnungsprinzipien, wie die Figuren innerhalb eines begrenzten Platzangebotes zueinander stehen. Wenn ihr zum Beispiel Fußballfiguren gebaut habt, ordnet sie so, wie sie beim Fußball stehen würden. Versuche die richtigen Begriffspaare zu finden:

Abstoß		Gruppierung
Freistoß	?	Ballung
Ecke		Streuung
Anstoß		Reihung

Der fruchtbare Moment

Bewegt in vielerlei Hinsicht

Auguste Rodin: Die Bürger von Calais, 1884-1886

1347 waren bei einer Belagerung der Stadt Calais sechs vornehme und angesehene Kaufleute freiwillig bereit, sich für das Wohl der Stadt und der übrigen Bürger zu opfern.
Im Jahr 1884 bekam Auguste Rodin vom Bürgermeister der Stadt Calais den Auftrag, ein Denkmal zu gestalten. Er zeigt den Moment, als sich die sechs in Lumpen gehüllt mit einem Strick um den Hals auf den Weg ins feindliche Lager machen, um dort den Stadtschlüssel und ihr Leben dem Feind zu übergeben.

Stellt die Bürger von Calais so genau wie möglich nach. Welche Ordnungsprinzipien könnt ihr selbst innerhalb eurer eng begrenzten Standfläche erkennen? Welche Bedeutung hat eure Blickrichtung?

Auguste Rodin

Selbstporträt, 1887/88

Auguste Rodin (1840–1917) arbeitet die Oberflächen seiner Figuren nicht glatt aus, sondern belässt sie oftmals grob. Das daraus entstehende Licht- und Schattenspiel verleiht der Oberfläche seiner Figuren ein lebendiges Aussehen.

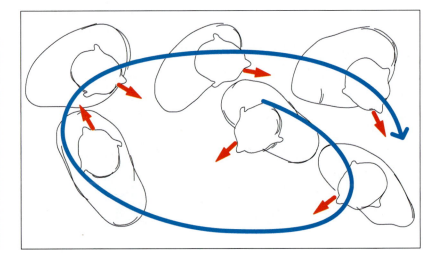

Bewegte Menschen

Die Haltung und die Art, wie sich die sechs Männer auf dem flachen Sockel bewegen, gipfelt in der Darstellung ihrer Gesichter. Mimik und Gestik lassen so bei den unterschiedlichen Männern verschiedene Reaktionen auf ihre Situation erkennen.

Betrachten und besprechen

Was geht in den Männern wohl gerade vor, woran denken sie? Benenne das Gefühl, das sich auf ihren Gesichtern abzeichnet.

Überlege dir fünf Fragen, die dein Nebensitzer jeweils ohne Worte, nur mit seiner Mimik und Gestik, beantwortet. Halte den Moment seiner Antwort mit einem Foto fest.

Innere Bewegung

Eingefrorene Zeit

Synchrone Darstellung

Eingefrorene Zeit   119

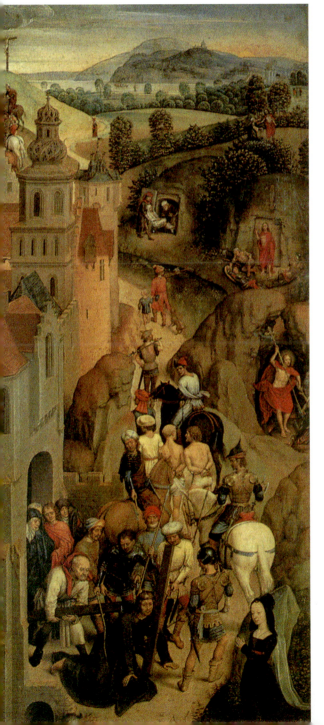

23 Szenen aus dem Leben Jesu. Vom Einzug in Jerusalem, der Vertreibung der Händler aus dem Tempel bis zur Erscheinung Christi am See. Und was war dazwischen? Geh auf die Suche nach den Szenen aus dem Leben Jesu.

Beim Nachverfolgen der Einzelszenen musst du dich als Betrachter bewegen: Deine Augen verfolgen den Ablauf der Geschichte und bewegen sich dabei selbst. So lenkt dich der Maler durch sein Bild.

Hans Memling: Turiner Passion, um 1465

Synchrone Darstellungen

120 Kunst zeigt Bewegung

Der Teppich von Bayeux, um 1080 (Ausschnitt)

Synchrone Darstellungen

Ein weiteres Beispiel für solch eine Bilderzählung ist der Wandteppich von Bayeux. Auf 50 cm Höhe und 70 Metern Länge wird in einer einzigen Abfolge von Bildern der Feldzug der Normannen gegen England geschildert. In mühsamer Handarbeit sind über 600 Personen, über 750 Tiere, Gebäude, Schiffe und Bäume dargestellt. In acht verschiedenen Wollfarben auf Leinen gestickt wird diese Bildchronik noch durch Inschriften ergänzt.

Eingefrorene Zeit 121

Erfinde eine Geschichte, in der eine Person oder ein Gegenstand mehrere Dinge nacheinander erlebt. Zeichne sie auf ein schmales, aber sehr langes Blatt.
Tipp: Ein Papprollenkino ist schnell gebaut.

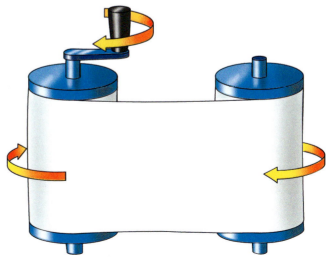

Synchrone Darstellungen

Die Darstellung von Geschwindigkeit

Théodore Géricault: Das Derby in Epsom, 1821

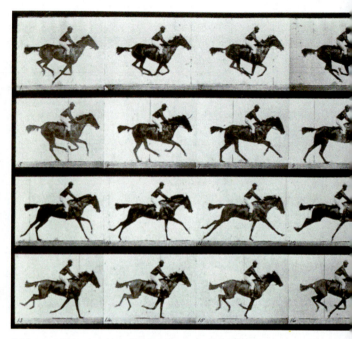

Eadweard Muybridge: Galoppierendes Pferd in Bewegung, 1872

Während eines Englandaufenthaltes malte Théodore Géricault diese Momentaufnahme vom englischen Lieblingssport. In voller Bewegung jagen die Reiter ihre Pferde über das Bild hinweg. Im „fliegenden Galopp", mit großen Sprüngen und ausgestreckten Läufen scheinen die Pferde über die Strecke zu schweben.

Betrachten und besprechen

Vergleiche das Gemälde mit der Fotografie. Bei der malerischen Darstellung der Bewegung ist Géricault ein Fehler unterlaufen. Aber welcher?

Was ist eigentlich Bewegung?

Als erstem Fotografen gelang es Muybridge, mit mehreren hintereinandergestellten Kameras den Bewegungsablauf von Tieren festzuhalten. Für einen Forschungsauftrag hielt er dabei mehr als 100 000 Momentaufnahmen von Pferden, Eseln, Rindern und Hunden fest. Die so entstandene Serienbild- oder Chronofotografie wird bis heute im Bereich des Leistungssports genutzt, um Bewegungsabläufe zu untersuchen.

Eingefrorene Zeit

Eliot Elisofon: Duchamp, eine Treppe herabsteigend, 1952

Marcel Duchamp (1887–1968) gehört zu den berühmtesten Künstlern der Moderne, der wie kaum ein Zweiter die Gemüter der Kunstwelt und nachfolgenden Künstlergenerationen bewegt hat. Den Kubismus hat er um das Thema der Zeit ergänzt.

Marcel Duchamp: Akt, eine Treppe herabschreitend, Nr. 2, 1912

Betrachten und besprechen

Vergleiche das Foto und das Bild von Marcel Duchamp mit dem Foto von Eadweard Muybridge. Worin liegt der Unterschied in der Darstellungsweise?
Wie stellt Duchamp Bewegung dar?
Was erreicht er dadurch?

Manche Digitalkameras bieten auch die Möglichkeit einer Mehrfachbelichtung. Versucht, solch eine Bewegung zu fotografieren.

Bewegungsdarstellung

Kunst zeigt Bewegung

Gleichzeitiges sichtbar machen

Umberto Boccioni: Einzigartige Formen der Kontinuität im Raum, 1913

Nike von Samothrake, um 180 v. Chr.

Futurismus

Um 1900 bildete sich in Italien eine Gruppe von Künstlern, die sich Futuristen nannten. Sie begeisterten sich für den ständigen Fortschritt und all die technischen Veränderungen. Das laute Großstadtleben mit zunehmendem Straßenverkehr, das Rattern der Eisenbahn, der Lärm der Fabriken. Diese ganze Bewegung, Unruhe und Dynamik brachten sie in ihre Bilder und Plastiken ein, um sie darin zu feiern. Herausfordernd verkündete Filippo Marinetti im Gründungsmanifest der Futuristen 1909, dass ein aufheulendes Auto schöner sei, als die Nike von Samothrake. Diese ist eine der bekanntesten griechischen Statuen. Sie gilt als eine der gelungensten Darstellungen von Bewegtheit im Zusammenspiel von Körper, Gewand und der Darstellung von Luft.

In den letzten hundert Jahren ging diese Entwicklung immer weiter. Es gibt immer mehr Autos, mehr Flugzeuge – wir leben immer schneller. Überlege, wo wir heute noch diese Leidenschaft für Technik und Fortschritt besitzen?

Eingefrorene Zeit 125

Schülerarbeit

Der Futurismus stellt nicht einen einzelnen, festgehaltenen Bewegungsmoment, sondern das sich Bewegen eines Körpers selbst dar. Durch die Auflösung einer einheitlichen Formbegrenzung, der Kontur, verschwimmen die Grenzen von Gegenstand und seinem umgebenden Raum. Bewegung wird so als Gleichzeitigkeit vieler einzelner, zeitlich hintereinanderliegender Bewegungsmomente in nur einem Bild oder einer Figur dargestellt. Dadurch wird die Veränderung des Gegenstands in Raum und Zeit erkennbar.

Betrachten und besprechen

Zeige das, was in dem Text steht, an den Figuren von Duchamp und Boccioni.

Zeichne fünf Bewegungssequenzen in einem Bild, in dem du Bewegung und Zeit festhältst. 100 Jahre später wissen wir, dass Geschwindigkeit und Fortschritt nicht nur gute Seiten hat. Diskutiert.

Futurismus

Bewegungen hinterlassen Spuren

Drippings

Max Ernst, Der verwirrte Planet, 1942, 110 x 140 cm

Die ersten Ausstellungen der europäischen Surrealisten in Amerika waren in der breiten Öffentlichkeit kein Erfolg. Zu ungewohnt waren die Arbeiten. Doch die jungen New Yorker Künstler begeisterten sich für die neue Malweise, die sie hier kennenlernten. Spontan und ungesteuert, ohne direkt etwas Gegenständliches abzubilden, sollte das Unbewusste die Hand des Künstlers leiten. Max Ernst erklärte den jungen Künstlern sein Verfahren:

„Bindet eine leere Konservendose an eine Schnur von ein oder zwei Metern Länge, bohrt ein kleines Loch in den Boden, füllt die Dose mit flüssiger Farbe. Lasst die Dose am Ende der Schnur über eine flachliegende Leinwand hin und her schwingen, leitet die Dose durch Bewegungen der Arme, der Schulter und des ganzen Körpers. Auf diese Weise tröpfeln überraschende Linien auf die Leinwand. Das Spiel der Gedankenverbindungen kann beginnen."

Die so entstandenen Arbeiten nannten die jungen Künstler Amerikas „Drippings" (oder auch „Drip Painting", also getropfte Malerei).

Bewegung in der Malerei

Schau dir auf den Fotos rechts an, wie der New Yorker Maler Jackson Pollock malt.
Hält er sich an den Ratschlag von Max Ernst?
Das Bild „Number One" von Jackson Pollock siehst du auf der Ausklappseite. Vergleiche es mit „Der verwirrte Planet" von Max Ernst: Welchen Einfluss haben die unterschiedlichen Malweisen?

Kunst und Comic, eine bewegte Verbindung!

Neben Superman und Batman ist Flash, oder auch Roter Blitz, eine der ältesten Comicfiguren. Mit seiner Fähigkeit, sich unglaublich schnell bewegen zu können, ist er der Held vieler Geschichten. Hier siehst du ihn in voller Aktion. Die Verwendung von Schrift im Bild dient zur Verdeutlichung der Szene. Entlang des oberen Bildrandes wird das bildhafte Geschehen in Worte gefasst. Zudem „vertont" die Lautschrift „RRRUMBLE!" das Ganze. Es ist fast wie im Film. Für das bewegte Bild sorgen vor allem die sogenannten Speedlines hinter Flash und den herabstürzenden Steinquadern. Wird er die Pyramide zum Einsturz bringen?

Ab 1950 gab es einen Austausch zwischen der Pop Art und den Comics. Künstler wie Roy Lichtenstein übernahmen Elemente der Comics in ihre Malweise und Motivwahl.

Welche Elemente des Comics kannst du bei der Bildgestaltung Roy Lichtensteins wiederfinden?
Was vermittelt Bewegung?

Roy Lichtenstein: As I opened fire, 1964, 173 x 142 cm

Action Painting

Hans Namuth: Pollock beim Malen, 1950

Um Ruhe vor dem Treiben der Großstadt New York zu finden, war Pollock in das ruhige Long Island gezogen. Im Sommer 1950 machte der Fotograf Hans Namuth hier rund 200 Fotos von Jackson Pollock, die ihn bei der Arbeit zeigen. Aus den zudem in einem Film festgehaltenen Malbewegungen Pollocks entstand so der Begriff des Action Paintings.

„Am Boden fühle ich mich wohler, […] mehr ein Teil der Leinwand, weil ich um sie herumgehen kann, von vier Seiten arbeiten und im wahrsten Sinne des Wortes im Bild sein kann." Jackson Pollock

Kunst zeigt Bewegung 128

Lege auf dem Boden mit Papieren das Bildformat aus und versuche, für die langen geschwungenen Farbspuren auf der Leinwand die passenden Bewegungen zu finden.

Jackson Pollock: Number One, 1948, 173 cm x 264 cm

Roy Lichtenstein: Whaam!, 1963

Roy Lichtenstein sagte einmal, dass er den Comics die Elemente seines Stils verdanke, aber nicht deren Themen.

Betrachten und besprechen

Entdecke folgende Stilelemente:
- Vereinfachung der Formen
- Betonung der flächenhaften Gestaltung durch Umrisslinien und flächigen Farbauftrag
- Darstellen von Bewegung durch Leserichtung und Bildausschnitt: Wie im Film scheint sich die Kamera zu bewegen.

Roy Lichtenstein (1923–1997) war neben Andy Warhol einer der bekanntesten Vertreter der Pop Art. Er zeigte, wie die Massenmedien unsere Sehgewohnheiten beeinflussen. Deshalb nahm er Comic- und Reklamebilder als Vorbilder und verdeutlichte ihre Merkmale: durch Farbpunkte gerasterte Flächen, deutliche Farbkontraste, beschränkte Farbpalette.

Gestalte eine Geschichte im Pop Art-Stil. Achte auf die erarbeiteten Merkmale.

Hört auf, Augenblicke zu versteinern!

Kunstwerke, die sich bewegen

Nur ein Hauch, das zu nahe Vorbeigehen beim Betrachten und das empfindliche Gleichgewicht der einzelnen Flächen des kinetischen Kunstwerks kommt ins Wanken. Die Formen beginnen sich im Raum zu bewegen. Die schwarzen Scheiben tanzen so lange um sich selbst, bis sie ihr Gleichgewicht, ihre Ruhe wiedergefunden haben.

Kinetik

Alexander Calder:
Jonglierender Seehund, 1950

Hört auf, Augenblicke zu versteinern!

Es bewegt sich alles. Stillstand gibt es nicht. Lasst euch nicht von überlebten Zeitbegriffen beherrschen. Fort mit den Stunden, Sekunden und Minuten. Hört auf, der Veränderlichkeit zu widerstehen. [...] Widersteht den angstvollen Schwächeanfällen, Bewegtes anzuhalten, Augenblicke zu versteinern und Lebendiges zu töten. Gebt es auf, immer wieder „Werte" aufzustellen, die doch in sich zusammenfallen. Seid frei, lebt! Hört auf, die Zeit zu „malen". Lasst es sein, Kathedralen und Pyramiden zu bauen, die zerbröckeln wie Zuckerwerk. Atmet tief, lebt im Jetzt, lebt auf und in der Zeit. Für eine schöne und absolute Wirklichkeit!

Jean Tinguely

Dieses Manifest ließ Tinguely auf 150 000 Flugblätter drucken und warf sie im März 1959 aus einem Flugzeug über Düsseldorf ab.

Warum kritisiert Tinguely es, in einem Kunstwerk einen Augenblick festhalten zu wollen?

Ab 1955 fertigt Tinguely mehrere Malmaschinen an, die er Meta-Matics nannte. Von ihrer Form vielleicht an Tiere erinnernd, setzen sich die Plastiken aus doch eher ungewohnten Materialien für ein Kunstwerk zusammen. Räder, Motoren und Antriebsriemen – ein Kunstwerk, das eine gestaltete und funktionierende Maschine ist und dabei selbst Kunstwerke produziert. Hektisch bewegt sich der Zeichenstift ohne die Hand eines Künstlers über das eingeklemmte Blatt und hinterlässt seine Spuren.

Jean Tinguely: Meta-Matic No. 6, 1959, Dreifuß aus Eisen, Holzräder, geformtes Blattmetall, Gummiriemen, Metallstäbe, Elektromotor (alles schwarz bemalt)

... ganz ohne Künstler?

Angela Bulloch: Blue Horizon (Metallkonstruktion, Bewegungsmelder, Motor, Tinte, Maße variabel), 1990

Konzeptkunst

Betrachten und besprechen

- Aus welchen Materialien besteht dieses Kunstwerk? Wie ist diese Zeichnung auf der Wand entstanden? Welche Rolle spielt der Betrachter bei diesen Maschinen?
- Was ist denn überhaupt ein Kunstwerk? Das bezeichnete Blatt Papier?
- Wer ist der Künstler dieser Zeichnungen? Die Maschine, weil sie zeichnet? Oder der Mensch, der die Maschine erfunden und gebaut hat?

Baue eine Kunstmaschine. Vielleicht findest du zu Hause Dinge, die sich durch Aufziehen oder mit einer Batterie bewegen, die du verwenden kannst. Oder Schnüre, Räder, ... Ohne deine Fantasie wird eine Malmaschine niemals Kunst herstellen!

Bewegungslos?

Marina Abramovic und Ulay: Relation in Time, 1977

Für ihre Performance saßen die Künstler Abramovic und Ulay da und ... saßen. SECHZEHN STUNDEN verbrachten die beiden Rücken an Rücken mit verknoteten Haaren alleine in einer Galerie. Erst in der siebzehnten Stunde durften die Galeriebesucher für eine weitere Stunde den Raum betreten und das Künstlerpaar beobachten.

- Was haben die Künstler gezeigt?
- Was bleibt von der Performance übrig?
- Welche Bedeutung haben die Fotos bei solch einer Aktion? Sind sie für die Performance wichtig?

Timm Ulrichs: Ich kann keine Kunst mehr sehen, 1975

Relation in Time, 1977, die ersten sechzehn Stunden

Anlässlich des Internationalen Kunstmarktes Köln stellte sich der Künstler Timm Ulrichs vor das Gebäude und stand einfach nur da, regungslos. Dennoch gab es um ihn herum einen riesigen Tumult. Sogar die Polizei wurde gerufen, um den Künstler von der Stelle zu bewegen. Er musste den Ort verlassen, seine Performance abbrechen.

Im folgenden Kapitel kannst du etwas erfahren und ausprobieren zu den Themen:

Schrift
Uralte Bücher
Ausdrucksstarke Schriftformen
Geheimnisvolle Bilderschriften
Gedruckte Schriften

Möglichkeiten der Vervielfältigung
Drucken mit Hochdruck
Nicht von, aber mit Pappe!
Kopierte Kopien

Fotografie
Hilfe, Bilderflut!
Teile vom Ganzen und viele Wahrheiten

Was ist Kunst?
Meisterleistungen
Originelle Originale

Eins, zwei, viele

Katharina Fritsch: Tischgesellschaft, 1988

Kein Buch mit sieben Siegeln

Wertvoll, alt und einzigartig

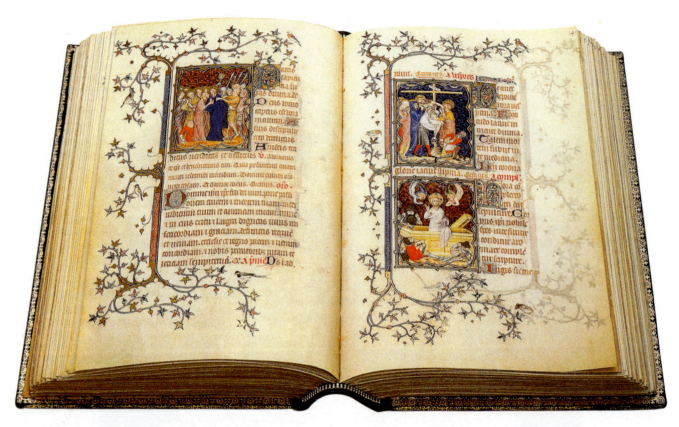

Stundenbuch des Herzog Kean de Berry, ca 1380

Schrift

Bücher sind heute Alltagsgegenstände, die man nach Gebrauch manchmal sogar wegwirft. Das war nicht immer so. Die oben abgebildete Handschrift ist über 600 Jahre alt, wird im Museum aufbewahrt und ist unverkäuflich. Warum eigentlich? Kannst du Gründe dafür finden?

Handschriften sind mit der Hand geschriebene Bücher. Dies war im Mittelalter zunächst die einzige Möglichkeit, Bücher herzustellen. Die allermeisten Menschen konnten damals nicht lesen und schreiben. Der Bedarf an Büchern war daher sehr gering. In den Klöstern gab es einige Mönche, die diese Kunst beherrschten und die Bücher der Klosterbibliothek mit der Hand abschrieben. Nimm einmal eine Bibel zur Hand, dann kannst du dir vorstellen, wie lange das gedauert hat.

Handschriften wurden mit Gänsefedern sehr exakt geschrieben und meist mit Bildern verziert, die eine Illustration des Textes sind. Auch Anfangsbuchstaben hat man häufig stark ausgeschmückt. In unserem Beispiel ist es der Anfang eines Namens. Kannst du ihn erkennen?

Bibel von 1407

- Schreibe selbst einen kleinen Text, z. B. einen Zauberspruch, mit der Hand auf ein schönes Blatt Papier. Du musst keine Gänsefeder benutzen, eine Stahlfeder ist auch gut geeignet. Eine Anleitung findest du unter diesem Stichwort im Anhang.

Weitere Möglichkeiten:
- Illustriere deinen Text mit einem passenden Bild und überlege dir eine schöne Initiale für deinen Text.
- Stelle eine Initiale für deinen Namen her. Wenn du die Anfangsbuchstaben deines Vornamens und deines Nachnamens verbindest, entsteht ein sogenanntes Monogramm.

Monogramm von Albrecht Dürer

In Form gebracht

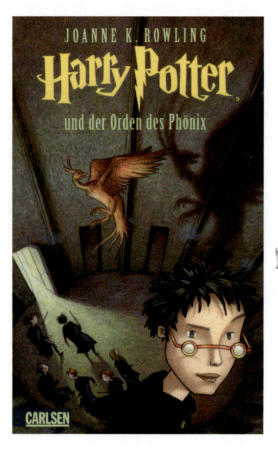

Heute müssen wir nicht mehr unbedingt mit der Hand schreiben. Im Computer stehen uns sehr viele verschiedene Schriftformen zur Verfügung. Für Buchtitel, Plakate, CD-Cover, Firmenlogos und viele andere Einsatzbereiche werden trotzdem auch heute noch Schriften neu erfunden und gezeichnet. Dabei muss man darauf achten, dass die Schrift zu dem Inhalt passt. Wichtig sind die Form und die Anordnung der Buchstaben.

Erfinde Schriften für die anderen Figuren aus den Harry Potter-Büchern: Hermine, Ron, Hagrid, Snape, …

Betrachten und besprechen

- Beschreibe die vier Schriftzüge für den Namen Harry Potter und versuche zu begründen, warum die obere Schriftform ausgewählt wurde. Welche Merkmale der Figur findest du im Schriftzug wieder?
- Finde weitere Beispiele: Suche in deinem Bücherregal, in deiner CD-Sammlung und in Illustrierten Schriftzüge, die genau zu ihrem Inhalt passen. Stelle sie der Klasse vor.
- Sammle ganz verschiedene Formen des gleichen Buchstabens und suche immer ein Beispielwort, das man in dieser Schriftform schreiben könnte.

Kein Buch mit sieben Siegeln 141

- Reiße oder schneide Buchstaben für die nebenstehenden Wörter aus Illustrierten aus und achte darauf, dass die Form des Buchstabens und die verwendeten Bilder zum Wortinhalt passen. Achte auch auf eine geeignete Anordnung der Buchstaben.
- Schreibe eines der Wörter in einer passenden Buchstabenform und male es mit den passenden Farben aus.
- Erfinde selbst einen Schriftzug für einen Buchtitel oder ein CD-Cover und achte darauf, dass man schon an der Schriftgestaltung erkennen kann, um welchen Inhalt es geht.
- Schreibe deinen Namen in einer Schriftform, die gut zu dir passt.

Natürlich kannst du auch eigene Worte finden!

Schrift

Geheime Botschaften?

In Ägypten hatte man vor über 2000 Jahren eine ganz spezielle Art des Schreibens entwickelt, die Hieroglyphenschrift. Dabei wurden bildhafte Zeichen gebraucht.

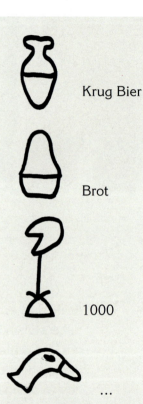

Krug Bier

Brot

1000

...

...

...

Piktogramme

Die Ägypter gaben ihren Verstorbenen für das Leben nach dem Tod viele Dinge mit ins Grab. Auf dieser Grabinschrift der Prinzessin Nefertiabet (um 2600 v. Chr.) sind um den Opfertisch, an dem sie sitzt, die verschiedenen Grabbeigaben und ihre Anzahl in Hieroglyphenschrift benannt. Einige sind neben dem Bild erklärt, andere kannst du sicher erraten.

Erfindet in der Klasse eine eigene Bilderschrift für Begriffe, die etwas mit Schule zu tun haben: Schulgebäude, Klassenzimmer, Schülerin, Lehrer, schreiben, …
Erzählt mit euren Hieroglyphen eine kleine Geschichte.

Auch heute werden Bilderschriften in einigen Bereichen eingesetzt. An vielen Orten findest du statt Schriftzügen Bildzeichen, die z. B. auch Touristen in einem fremden Land verständliche Hinweise geben. Diese Zeichen nennt man Piktogramme.

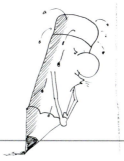

Juli Gudehus, 1992 (Der Titel wird hier nicht verraten, du sollst ihn schließlich selbst herausfinden.)

Die Berliner Designerin Juli Gudehus hat eine ganze Geschichte in Piktogrammen geschrieben. Du kennst sie bestimmt. Findest du heraus, um welche Geschichte es sich handelt? Ein Tipp: Sieh dir einmal die erste Geschichte in der Bibel an!

Schreibe auch eine kleine Geschichte mit Piktogrammen und überprüfe, ob die anderen sie lesen können!

Aus 1 mach 2 und mehr

Mit Hochdruck

Kurze Texte, die oft in gleicher Form geschrieben werden müssen, z.B. in Büros, werden häufig mit einem Stempel gedruckt.
Das geht schnell und ist einfach. Einen tollen Druckstempel haben wir sogar immer dabei: unsere Finger.

Hochdruck

Beim Stempel drucken nur die hochstehenden Teile. Man nennt das Druckverfahren deshalb Hochdruck. Das hat also nichts damit zu tun, dass man besonders fest drucken muss.
Beim Fingerabdruck werden die tiefer liegenden Hautrillen nicht mitgedruckt.

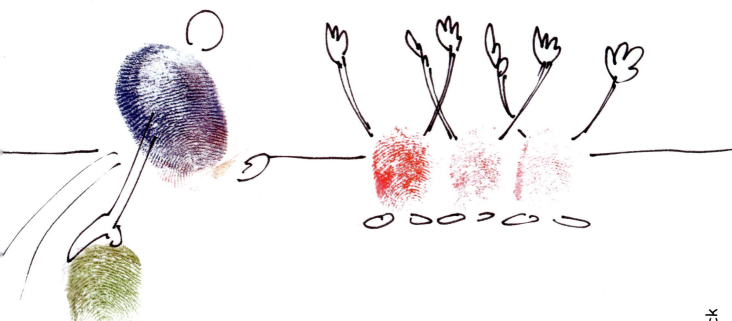

Hochdruck

Sammle einige Fingerabdrücke auf einem Blatt Papier und gestalte dann durch Ergänzungen eine lustige Geschichte daraus.
Suche andere Gegenstände, mit denen man im Hochdruckverfahren stempeln kann.

146 Eins, zwei, viele

Das Hochdruckverfahren hat man bereits recht früh für den Buchdruck entdeckt. Nachdem die ersten Bücher von Hand abgeschrieben wurden, schnitzte man nun die einzelnen Buchstaben in eine Holztafel und konnte so die Seite mehrfach drucken. Allerdings waren diese Druckstöcke schnell abgenutzt.

Bücher konnten erst zur Massenware werden, nachdem Johannes Gutenberg vor ungefähr 500 Jahren die beweglichen Lettern erfand. Das sind einzelne Buchstaben aus Blei, die man zu Zeilen und Seiten zusammensetzen kann.

Adolf Menzel: Gedenkblatt an die Erfindung der Buchdruckerkunst, 1840

Einzelne Lettern zu Druckzeilen zusammengestellt.

Hochdruck

Betrachten und besprechen

Schau dir die Druckzeile einmal genauer an. Kannst du lesen, was hier gedruckt werden soll? Warum wurden die Buchstaben spiegelverkehrt eingesetzt?

Schneidet in der Klasse genügend Buchstaben in gleicher Größe aus Moosgummi und druckt damit Namensschilder oder ein Plakat für die Klasse.

Aus 1 mach 2 und mehr … 147

Philipp Galle: Impressio librorum, um 1600, (nach Jan van der Straet)

Um einen Druck herzustellen, sind einige Arbeitsschritte notwendig. Diese muss man vorher gut organisieren.

Betrachten und besprechen

Die Abbildung oben zeigt eine frühe Buchdruckerwerkstatt. Kannst du die verschiedenen Tätigkeiten erkennen und erklären:
- den Druckstock herstellen,
- den Druckstock einfärben,
- drucken,
- das Buch zusammenlegen.

Hochdruck

Eins, zwei, viele

Im Hochdruckverfahren kann man Bilder vervielfältigen. Hierzu muss man ebenfalls einen Druckstock herstellen. Unabhängig davon, aus welchem Material er besteht, ist das Prinzip das gleiche: Man muss eine hochliegende Ebene schaffen, die man mit Farbe einwalzen kann, um sie dann abzudrucken. Dazu schneidet man entweder etwas aus einer Grundfläche heraus oder man klebt etwas auf.

Bei der Gestaltung von Bildern im Hochdruckverfahren gibt es vier verschiedene Grundmöglichkeiten, um ein Motiv darzustellen:

Hochdruck

Betrachten und besprechen

- Schau dir die vier Abbildungen oben an und beschreibe die unterschiedlichen Möglichkeiten. Wie muss der Druckstock aussehen, mit dem die Ente jeweils gedruckt wurde?
- Die beiden unteren Möglichkeiten heißen Schwarzlinienschnitt und Weißlinienschnitt. Suche Beispiele in „Schlafender Junge" von Karl Schmidt-Rottluff.

Aus 1 mach 2 und mehr … 149

Karl Schmidt-Rottluff: Schlafender Junge, 1905

Mit Karton hast du eine einfache und preiswerte Möglichkeit, einen Druckstock für einen Hochdruck herzustellen. Du brauchst dazu nur eine festere Pappe und eine Schere. Eine genaue Anleitung zum Drucken findest du im Anhang unter dem Stichwort Kartondruck.

- Schneide aus einer Pappe verschiedene Motive aus und walze sie mit Druckfarbe ein. So kann man auch mit der ganzen Klasse ein großes Bild herstellen, z. B. ein Dorf mit vielen Häusern, einen Fischschwarm, …
- Piratenschiff, Bäume im Sturm, Drachen am bewölkten Himmel: Stelle einen Druckstock her. Bemühe dich nach Möglichkeit, alle vier Gestaltungsmöglichkeiten auszunutzen. Klebe die einzelnen Motivteile auf einem festen Karton zusammen.

Hochdruck

Viele sind besser als eins?

Andy Warhol: Thirty Are Better Than One, 1963

Wenn man heute etwas vervielfältigen will, gibt es schnelle und einfache Mittel. Den Kopierer hast du sicher schon einmal selbst benutzt. Viele Dinge muss man nicht mehr in die Druckerei geben, sondern kann sie zu Hause am Computer ausdrucken.

Auch dieses Buch ist nicht, wie zu Gutenbergs Zeiten, mit Bleilettern hergestellt worden, sondern im modernen Offsetdruck.

Andy Warhol: Selbstbildnis, 1967

Andy Warhol (1928–1987) war ein Künstler, der im Stil der Pop Art gearbeitet hat. Andy Warhol hat sich der modernen Technik bedient. Oft hat er Bilder abfotografiert und dann im Siebdruckverfahren vervielfältigt. Das hat er noch nicht einmal selbst getan, sondern in seiner „factory", also seiner kleinen Fabrik, machen lassen. Von den einzelnen Werken konnte er beliebig viele Drucke herstellen.

Betrachten und besprechen

Das berühmte Gemälde „Mona Lisa" von Leonardo da Vinci ist schon in vielen Büchern abgedruckt worden. Andy Warhol hat in seinem Werk auf diese massenhafte Verbreitung reagiert.

- Schau dir das Bild von Andy Warhol genau an und vergleiche es mit der Abbildung auf dieser Seite. Bestimme die unterschiedlichen Aussagen über die Mona Lisa, die die Bilder machen.
- Andy Warhol hat sein Bild „Thirty Are Better Than One" (Dreißig sind besser als eine) genannt. Hat er nicht eigentlich Recht?
- Suche ein Motiv, das heute eine sehr große Verbreitung hat und stelle es in ähnlicher Form wie Andy Warhol dar. Du kannst dazu den Kopierer oder den Scanner benutzen.
- Experimentiere mit den Möglichkeiten am Kopierer oder Computer. Stelle z. B. mehrere Kopien her, indem du immer wieder eine Kopie der Kopie machst. Was verändert sich?

Leonardo da Vinci: Mona Lisa, 1503

klick!

Bilderfluten

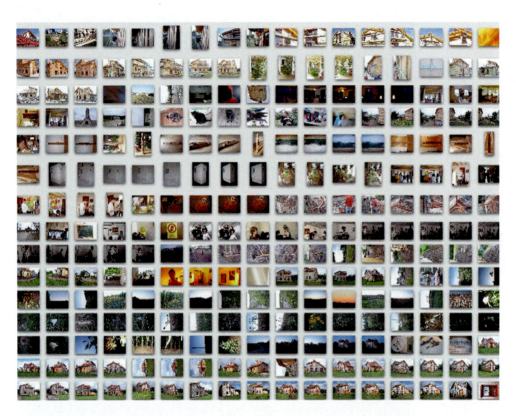

Wie viele Fotos hast du auf deinem Handy, wie viele auf der Festplatte deines Computers gespeichert? Kennst du sie noch alle?
Ist dir das einzelne Bild überhaupt noch etwas wert?

Fotografie

Wir erleben eine wahre Bilderflut. Das war nicht immer so. Früher mussten Bilder noch gemalt oder gezeichnet werden. Erst vor ungefähr 200 Jahren hat man entdeckt, dass es Materialien gibt, die lichtempfindlich sind und die man nutzen kann, um Bilder damit dauerhaft als Fotografie (= Lichtzeichnung) festzuhalten. Die Qualität war allerdings noch sehr schlecht, wie du an dem Beispiel rechts erkennen kannst.
Im 20. Jahrhundert hat die Fotografie das gemalte Bild dann mehr und mehr verdrängt.

Präsentieren und ausstellen

Macht eine Fotoausstellung in der Klasse. Einigt euch auf ein einheitliches Bildformat und suche aus deiner Fotosammlung ein Foto heraus, von dem du denkst, dass es auch andere gesehen haben sollten. Schreibe dazu einen kleinen Kommentar, in dem du begründest, was für dich das Besondere an dem Foto ist.

Klick! 153

Nicéphore Niépce: Blick aus dem Fenster seines Arbeitszimmers, 1826

Stell dir vor, du müsstest dir heute noch genauso viel Arbeit wie damals machen, um ein Foto herzustellen: Nimm ein Foto auf, von dem du sagen kannst, hier hätte sich die Mühe gelohnt. Stelle es in der Klasse vor und erkläre, was du dir vorher alles überlegt hast.

Das Bild auf dieser Seite zeigt die älteste noch erhaltene Fotografie von Nicéphore Niépce. Er hat sie mit einer sehr einfachen Kamera, der camera obscura, auf einer Zinnplatte gemacht. Die Herstellung war sehr langwierig und schwierig:
Niépce hat eine Zinnplatte mit lichtempfindlichem Asphaltlack bestrichen. Dort, wo Licht auf die Platte fiel, wurde der Asphalt hart, die weich gebliebenen Teile wusch er mit Lavendelöl ab. In einem Jodbad wurden die nicht mehr vom Asphalt bedeckten Teile der Platte eingeschwärzt. Nach Entfernung des erhärteten Asphalts war das Foto entstanden. Die Belichtungszeit lag bei etwa acht Stunden. Diese ersten Fotos waren Einzelstücke, man konnte keine weiteren Abzüge davon machen.

Fotografie

Viele Wahrheiten

Elbsand-
steingebirge

Ein Foto schneidet aus der unbegrenzten Wirklichkeit einen Ausschnitt heraus.

Das gilt auch für das Foto auf der linken Seite, aus dem vier Bildausschnitte herausgehoben sind.

Keiner dieser Ausschnitte ist „richtiger" als der andere oder das Gesamtbild.

Als Fotograf hat man die Möglichkeit, ein Motiv regelrecht „in Szene zu setzen".

Elbsandsteingebirge

Elbsandsteingebirge

Betrachten und besprechen

Betrachte die Ausschnitte auf der rechten Seite: Was erzählen die einzelnen Bilder über das Elbsandsteingebirge?

Elbsandsteingebirge

Elbsandsteingebirge

Stelle selbst Fotos mit verschiedenen Ausschnitten des gleichen Motivs her. Achte darauf, dass die einzelnen Fotos möglichst widersprüchliche Aussagen über das Motiv machen. Versuche z. B. deine Schule einmal gut und einmal schlecht aussehen zu lassen.

Gestalte daraus ein kleines Fotoalbum und gib ihm einen Titel.

Einmalig!

Das kann ich auch?

Jan de Heem:
Stillleben,
ca. 1650

Kunstbegriff

Stillleben wurden früher von Malern auch als Visitenkarten genutzt, um zu zeigen, wie gut sie ihr Handwerk verstanden. Das macht Jan de Heem in seinem Bild deutlich: Früchte, Blumen, Metall und Stoff, alles ist so gemalt, dass es täuschend echt aussieht.
Um solch ein Meisterwerk zu schaffen, muss man Talent besitzen und lange gelernt haben.
Vor solcher Meisterschaft darf man auch heute noch zu Recht Respekt besitzen. Zur Kunst gehört aber noch etwas anderes. Das wollte der Künstler Marcel Duchamp zeigen.

KUNST LEBT VON IDEEN!

Marcel Duchamp (1887–1968)

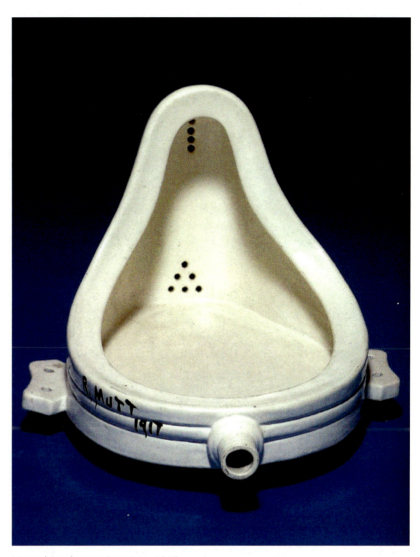

Marcel Duchamp: Fontäne, 1917

Marcel Duchamp war nicht nur Künstler, sondern auch Schachgroßmeister und konnte also ganz logisch denken! Er wollte die Menschen dazu bewegen, über Kunst nachzudenken. Im Jahr 1917 hatte er eine besondere Idee, wie er dies erreichen könnte: Er ärgerte die gesamte Kunstwelt, als er unter dem Künstlernamen „R. Mutt" ein Pinkelbecken zu einer Kunstausstellung einreichte.
Er hatte es in einer Fabrik erworben, dann mit „R. Mutt" unterschrieben und es „Fontäne" genannt.
Im Jahr 2004 wurde das Werk bei einer Umfrage unter englischen Kunstexperten zum wichtigsten Kunstwerk des 20. Jahrhunderts gewählt.

Betrachten und besprechen

- Für viele Menschen ist bis heute das Werk von van Heem ein Kunstwerk, das Werk von Duchamp dagegen keine Kunst. Finde Gründe für diese Position.
- Welches der Werke hat mehr zur Diskussion und zum Nachdenken angeregt? Wie beurteilst du jetzt die vorherige Frage?

Kunstbegriff

158 Eins, zwei, viele

Ein Original

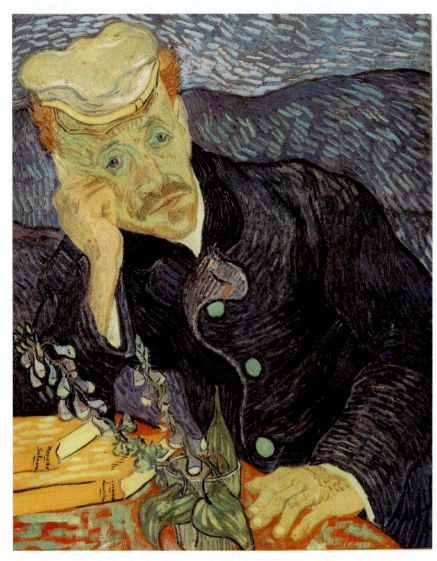

Vincent van Gogh: Dr. Gachet, 1890

Kunstbegriff

Im Jahr 1990 ist das Gemälde „Dr. Gachet" von Vincent van Gogh für 82,5 Millionen Euro verkauft worden. Es war damit einige Zeit das teuerste Gemälde der Welt.

Im Internet kann man eine handgemalte Kopie des Bildes für 205,80 Euro kaufen, ein Poster mit der Abbildung des Bildes erhält man bereits ab 10 Euro.

Ihre Gemälde-Auswahl	
Versandfertig in ca.	36 Werktagen
Gemälde	Portrait des Dr. Gachet Vincent van Gogh
	Motivgröße 57 x 68 cm Gesamtgröße Ihrer Kunstkopie 67 x 78 cm
Material	Handgemaltes Ölgemälde
Bilderrahmen	Kein Rahmen gewählt, Ihr Gemälde wird aufgerollt versendet.
Passepartout	Für das gewählte Druckmedium is leider kein Passepartout möglich.

Ihre Kunstkopie kostet	
Gemäldepreis:	197,43 EUR
Unbedruckter Rand 5cm	8,38 EUR
Gesamtpreis	**205,80 EUR**

Alle Preise incl. MwSt. plus Versandkosten
Versandkosten hier klicken

Leinwand auf Keilrahmen

Bilderrahmen auswählen

Im Warenkorb speichern

Auszug aus einer Internetseite

Betrachten und besprechen

Der Preisunterschied zwischen Originalbild und dem nachgemalten Bild ist enorm. Diskutiert in der Klasse: Warum hat der Käufer des Bildes so viel Geld ausgegeben?

Jedes Kunstwerk, das man eigenhändig hergestellt hat, ist einzigartig und ganz stark mit dem Menschen verbunden, der es gemacht hat. Das gilt auch für deine Werke.
Erinnerst du dich an das Auftaktbild zu diesem Kapitel?
Das Werk „Tischgesellschaft" von Katharina Fritsch zeigt Menschen, die alle ganz gleich sind. Das ist Gott sei Dank in der Wirklichkeit nicht so. Sieh dich nur in deiner Klasse um.
Dort gibt es so viele unterschiedliche Menschen, wie die Klasse Mitglieder hat. So ist das auch mit euren Bildern.
Sie sind so verschieden, wie die Menschen, die sie gemalt haben.

Katharina Fritsch: Tischgesellschaft, 1988

Vier verschiedene Schülerarbeiten zum selben Thema

Zeigt in einer Ausstellung, dass ihr alle ganz unverwechselbare Menschen seid:
Malt dazu Bilder, in denen ihr euch, euren Alltag, eure Hobbys oder was euch wichtig ist, darstellt.
Vergesst nicht, eure Werke zu signieren!

Picasso

Manuela, Klasse 6b

Weil es ihre ganz einzigartige Leistung ist, signieren (unterschreiben) Künstler ihre Werke und verbinden diese dadurch mit ihrem Namen und mit ihrer Person.

Nachgeschlagen

Abstraktion

Abstraktion bedeutet, etwas auf sein Wesentliches zu vereinfachen. Alles Zufällige wird weggelassen, sodass nur noch da... fertig ist das Angesicht: ein Beisp... bestimmten Menschen aussieht, i... etwas Typisches für ein Gesicht ist... was der Ausgangspunkt war (hier: viel... oft Kunstwerke bezeichnet, die ke... darstellen. Da hier nicht von der s... wird, um sie zu vereinfachen, ist d...

[handschriftliche Notiz:] vielleicht irgendwo ausschmücken, dass es sich nur um Profanbauwerke handelt & keine Sakralbauwerke zu finden sind?! ↓

Architektur

Die Architektur ist die Kunst des Bauens von Gebäuden. Architekten müssen sowohl die Technik beherrschen (das Gebäude soll praktisch und stabil sein) als auch die Gestaltung (das Bauwerk soll interessant aussehen). Man unterscheidet nach dem Zweck des Gebäudes zwischen Sakralbauwerken (für religiöse Zwecke) wie Tempel, Kirchen, Moscheen oder Synagogen und Profanbauwerken (für nichtreligiöse Zwecke) wie Wohngebäude oder Schlösser.

camera obscura

Die camera obscura ist die erste, sehr einfache Kamera. Sie besteht aus einer innen schwarzen Kiste, die auf der Vorderseite ein verschließbares Loch mit einer Linse besitzt. Durch diese Öffnung kann Licht in die Kiste einfallen und auf der gegenüberliegenden Kistenwand ein Abbild der Wirklichkeit erzeugen. Befestigt man dort eine lichtempfindliche Platte, lässt das einfallende Licht ein Foto entstehen. Eine camera obscura kann man einfach selbst bauen. Anleitungen findest du im Internet.

Collage

Eine Collage ist ein Klebebild. Es kann aus verschiedenen Papieren, Fotos, Zeitungs- und Zeitschriftenausschnitten und auch aus eigenen Zeichnungen oder Malereien bestehen. Häufig spielt in Collagen die Schrift eine Rolle. Großer Vorteil der Collage ist, dass die einzelnen Elemente vor dem Aufkleben verschoben werden können, bis die gewünschte Zusammenstellung und Wirkung gefunden ist.

Comic

Ein Comic ist eine Bildergeschichte, die aus einzelnen Panels (Bilderkästchen) und Ballons (Denk- oder Sprechblasen) besteht. Ab 1900 entstanden in amerikanischen Tageszeitungen die ersten Comicstrips (Fortsetzungsgeschichten). Aufgrund ihrer wachsenden Beliebtheit wurden diese ab 1929 auch in eigenen Comic Books oder Heften veröffentlicht. Durch die

Nachgeschlagen

Abfolge von Bildern kann eine Geschichte in ihrem zeitlichen Ablauf erzählt werden, was in nur einem Bild immer schwer ist. Comics wurden von den Künstlern der ➡ **Pop Art** für die Kunst entdeckt.

Denkmal

Wie der Name schon sagt: Ein Denkmal fordert dazu auf, an eine berühmte Person oder an ein geschichtliches Ereignis zu denken. Oder besser: darüber nachzudenken. Denkmäler können Plastiken oder Bauwerke sein. Sie werden oft an einem Ort aufgestellt, der eine Verbindung zu der dargestellten Person oder dem Ereignis hat. Meistens wirken Denkmäler monumental, also gewaltig und großartig.

Druckstock

[...] gedruckt wird. [...] erialien beste- [...] um oder Pappe.

(Notiz: Vielleicht noch irgendwo Satz zu Denkmal & Quelle)

Expressionismus

[...] Kunst vor, in [...] htbaren Welt [...] nisten wollten [...] nderts nach [...] sichtbar zu machen. Harte, kantige Formen und kräftige, grelle Farben verdrängten sanfte, malerische Übergänge. Kunst soll nach dieser Sicht nicht zuerst schön sein – schließlich gibt es auch im Leben genügend Dramatisches und auch Hässliches. So zeigen viele expressionistische Kunstwerke die hässlichen Seiten ihrer Zeit: die großen, damals dunklen Städte und die Auswirkungen des furchtbaren 1. Weltkriegs (1914 – 1918).

Farbe

Farben bestehen aus einem Farbpulver (Pigment) und einer Flüssigkeit, die die Farbe mit dem Untergrund verbindet, dem Bindemittel. Dafür kann man Kleister, Öl, Wachs, Harze oder auch Ei verwenden.
Die alten Windmühlen haben früher nicht nur Getreide gemahlen, sondern aus Erden oder getrockneten Pflanzenstoffen Pigmente hergestellt. Nur sehr Reiche konnten sich lange Zeit Blau- und Rottöne leisten, da sie aus Edelsteinen oder aus Tieren gewonnen wurden. Diese Kostbarkeit hat die mittelalterlichen ➡ **Symbolfarben** geprägt.
Farben können nach dem ➡ **Farbkreis** geordnet werden.

Lapislazuli

Farbauszug

Ein Farbauszug dient dazu, die Farbigkeit eines Bildes zu untersuchen. Dazu werden nur bestimmte Farbzusammenhänge „herausgezogen".

Beispiel für Schritt 2

Du brauchst: Pauspapier, Farben

Schritt 1: Betrachte das Bild und überlege, welche Farben vorherrschen: Grundfarben, Mischfarben, die gesamte ➡ **Farbpalette** oder nur bestimmte Farben?

Schritt 2: Pause die groben Umrisse des Bildes ab. Hier kommt es nicht auf Details an, sondern nur auf größere Flächen.

Schritt 3: Mache dir die Auffälligkeiten bewusst: Welche Farben herrschen vor? Fallen ➡ **Farbkontraste** auf: leuchtend – gebrochen, kalt – warm, kräftig – wässrig, ➡ **Komplementärkontraste**? Gibt es besondere Farbzusammenhänge im Bild?

Schritt 4: Male nun die Flächen aus, die dir bei der Betrachtung in Schritt 1 und Schritt 3 aufgefallen sind oder die die Aufgabenstellung fordert.

Farbcharakter

Eine sanfte Farbgebung gibt einem Bild einen anderen Farbcharakter als deutliche Kontraste. In manchen Bildern werden alle Grundfarben und viele Mischfarben eingesetzt. Sie wirken bunter als Bilder, bei denen die Farbvielfalt beschränkt wird.

Farben mischen

Wird eine Farbe mit einer anderen Farbe aus dem ➡ **Farbkreis** gemischt, so ändert sich ihre Farbqualität: Gelb und Rot ergeben Orange, Orange hat eine andere Farbqualität als Gelb oder Rot.

Wird eine Farbe mit Weiß oder Schwarz gemischt, wird ihre Helligkeit und ihre Reinheit verändert: Grün und Weiß ergibt ein Hellgrün, das nicht mehr so rein ist wie das pure Grün.

Wird eine Farbe mit Wasser gemischt, wird ihre Helligkeit und ihr Sättigungsgrad verändert: Grün mit Wasser vermischt ergibt ein Hellgrün, dass nicht mehr so satt ist wie das weniger verdünnte. Wird wenig Wasser untergerührt, deckt die Farbe darunterliegende Farben gut ab. Wird mit viel Wasser gemischte Farbe aufgetragen, scheinen andere Farbschichten durch – man spricht von lasierendem Farbauftrag.

Farbkontraste

Kontraste sind Gegensätze, sie betonen Extreme. So wirkt eine helle Farbe noch heller in einem dunklen Bereich (Hell-dunkel-Kontrast), eine kalte Farbe wirkt kühler, wenn sie neben einer warmen liegt (Temperaturkontrast), jede Farbe sticht besonders hervor, wenn sie neben einer Farbfläche ist, die im Farbkreis gegenüberliegt (Komplementärkontrast).

Farbkreis

Im Farbkreis werden Farben nach ihrer Farbqualität geordnet: Die drei Grundfarben lassen sich aus keinen anderen Farben ermischen. Sie stehen im Mittelpunkt des Farbkreises. Die drei Mischfarben erster Ordnung ergeben sich jeweils aus der Mischung zweier Grundfarben. Sie sind als Dreiecke so angeordnet, dass sie die zwei vermischten Grundfarben berühren.

Die sechs Mischfarben zweiter Ordnung ergeben sich aus der Mischung einer Grundfarbe mit der benachbarten Mischfarbe erster Ordnung.
Grund- und Mischfarben werden im äußeren Farbkreis angeordnet.
Die Helligkeit einer Farbe kann durch Zumischen von Weiß aufgehellt oder von Schwarz abgedunkelt werden.
Die Sättigung einer Farbe ändert sich entweder durch Beimischen von Grau oder durch das Mischungsverhältnis von Pigmenten und Bindemittel.

Farbpalette

In Anlehnung an die Mischplatte für Farben wird die Gesamtheit der Farben auch Farbpalette genannt. Werden in einem Bild nur bestimmte Farben eingesetzt, sagt man, es hat eine „beschränkte Farbpalette".

Fassade

Die Außenseite eines Gebäudes heißt Fassade. Fenster, Türen, Zierformen, aber auch die Wandfarbe gestalten die Fassade.

Figur–Grund-beziehung

Die Gesichter siehst du sofort. Kannst du aber auch den Pokal in der Mitte erkennen? Dass die beiden Ansichten hin und her kippen, hängt damit zusammen, wie wir sehen: Wir suchen in allem, was wir sehen, erkennbare Formen. Alles, was nicht zu der Form gehört, sehen wir als Hintergrund. Ist auch der Hintergrund als deutliche Form wahrnehmbar, so springt das Auge ständig zwischen Vorder- und Hintergrundform hin und her. Nach kurzer Zeit entscheiden wir uns für eine Hauptform, die wir dann im Vordergrund sehen. Schwarze Formen wirken stärker als weiße Formen, da Weiß normalerweise als Hintergrund gesehen wird.

Freiplastik

Losgelöst von einer direkten Bindung an ein Bauwerk steht die Freiplastik frei im Raum. Sie kann von allen Seiten betrachtet werden, nicht nur von vorne wie die ➡ **Säulen-** oder ➡ **Nischenfigur**. Wenn du um eine Freiplastik läufst, entdeckst du immer neue Ansichten.

Fresken

Fresken sind Wandgemälde, die direkt auf den frischen Putz aufgetragen werden. Der Putz saugt die Farbe wie ein Schwamm auf. Die Farben verbinden sich dabei unlösbar mit dem Untergrund. Deshalb sind diese Bilder sehr haltbar. Früher haben Maler diese Technik zur Bemalung von Decken oder Wänden in Kirchen und Schlössern eingesetzt. Ein solches Wand- oder Deckenbild wird „das Fresko" oder „die Freske" genannt.

Frottage

Frottage ist eine zeichnerische Technik, bei der Oberflächen durch Abreiben mit Bleistift oder Kreide auf ein aufgelegtes Papier übertragen werden, um sie künstlerisch zu nutzen. Der Begriff stammt aus dem Französischen: frotter heißt abreiben. Du kennst es von dem Wort *Frottierhandtuch*.

Futurismus

Der Futurismus ist eine sich ab 1909 in Italien entwickelnde ➡ **Stilrichtung** der ➡ **Moderne**. Sie setzt sich vor allem mit der Darstellung von Bewegung auseinander. Themen hierfür waren technische Neuerungen, die Hektik und der Lärm der Großstadt und die Geschwindigkeit von Autos, Flugzeugen und Schiffen.

Grundfarben siehe **Farbkreis**

Hieroglyphen

Hieroglyphe könnte man wörtlich mit „heilige Einritzung" übersetzen. Man meint damit in der Regel ägyptische Schriftzeichen, die oft in Tontafeln eingeritzt waren und aus bildhaften Symbolen bestanden. Diese Bildzeichen konnten einem Laut entsprechen oder aber genau das bedeuten, was sie darstellen.

Hochdruck

Der Hochdruck ist eine von drei grundsätzlichen Druckmöglichkeiten. Daneben gibt es den Tiefdruck und den Flachdruck. Die Begriffe beziehen sich darauf, welche Teile einer Druckplatte eingefärbt werden und dann den Druck auf das Papier übertragen. Beim Hochdruck sind dies die hochstehenden Teile, beim Tiefdruck die Vertiefungen. Ein Flachdruckverfahren ist der ➡ **Offsetdruck**.

Illustration

Illustration heißt wörtlich übersetzt „erhellen". Eine Illustration ist daher ein Bild zu einem Text, das den Inhalt des Textes anschaulich machen soll.

Initiale

Initiale nennt man die besondere und ausschmückende Gestaltung eines Wortanfangs. Initialen sind häufig sehr viel größer als die übrigen Buchstaben und werden oft mit kleinen Bildteilen verbunden. Sie stehen in der Regel am Seitenbeginn oder zu Beginn eines Absatzes.

Karikatur

Das Wort Karikatur leitet sich von dem lateinischen Wort „caricare" ab, das so viel wie „übertreiben" bedeutet. Eine Karikatur ist eine humorvolle Zeichnung, die menschliche Eigenarten durch eine übertriebene Darstellung besonders deutlich machen will.

Kartondruck

Beim Kartondruck stellt man einen ➡ **Druckstock** aus Pappe her. Dazu schneidet man die Motivteile, die drucken sollen, aus einem festen Karton aus und klebt sie auf eine stabile Unterlage.

Der Druckvorgang sollte gut vorbereitet und organisiert werden. Mehrere Arbeitsplätze und -schritte sind nötig:

Arbeitsplatz 1:

Hier wird der Druckstock mit verschiedenen Werkzeugen hergestellt.

Arbeitsplatz 2:

Hier wird der Druckstock mit einer Farbwalze eingefärbt. Dazu walzt man die Druckfarbe auf einer glatten Fläche aus. Verschmutzungen des Tisches wischt man immer sofort wieder weg.

Arbeitsplatz 3:

Hier lagert das Druckpapier. Bitte nur mit sauberen Händen wegnehmen.

Arbeitsplatz 4:

Hier wird gedruckt!
Dazu das Druckpapier auf den Druckstock legen und mit einer sauberen Farbwalze fest andrücken. Hinterher den Tisch von Farbresten säubern, damit beim nächsten Druck nur der Druckstock und nicht auch der Tisch druckt!

Arbeitsplatz 5:

Die Drucke an einem sicheren Ort, z. B. an einer gespannten Wäscheleine oder in einem Trockengestell trocknen lassen.

Kinetische Kunst

Kinetik ist der Begriff für Kunstwerke, die so beschaffen sind, dass sie sich in Bewegung versetzen lassen. Ein leichter Auslöser wie Wind genügt, und schon führt das bis dahin noch ruhige Werk einzelne Bewegungen oder eine Kettenreaktion von mehreren Bewegungen aus. Dadurch ändert sich ständig die Form des Kunstwerks.

Komplementär-kontrast

Der größte Gegensatz zwischen Farben heißt Komplementärkontrast. Komplementärkontraste ermittelt man ganz leicht mithilfe des ➙ **Farbkreises**: Sie liegen sich genau gegenüber. Liegen Komplementärfarben in einem Bild nebeneinander, so bringen sie sich gegenseitig zum Leuchten. Komplementärkontraste kann man gezielt einsetzen, um Farben aus ihrer Umgebung hervorzuheben.

Kontur

Im Französischen bezeichnet man die erkennbare Abgrenzung eines Körpers vom Hintergrund als „contour". Diese Grenze kann man in einer Zeichnung als Umrisslinie darstellen, die man dann auch als Konturlinie bezeichnet.

Kubismus

Die Künstler des Kubismus waren der Vielfältigkeit des Lebens auf der Spur. Sie stellten mehrere Ansichten eines Gegenstandes oder Menschen gleichzeitig von mehreren Seiten dar. Dazu benutzten sie die räumlichen Grundformen Würfel, Kugel, Zylinder und Pyramide. Kubus ist ein Wort für die dritte Dimension, für die Räumlichkeit – daher hat der Kubismus seinen Namen.

Der Kubismus entstand im frühen 20. Jahrhundert. Ab 1912 klebten die Künstler in ihre Bilder Zeitungsausschnitte oder Tapeten ein. Die Wirklichkeit wird nun nicht mehr nur künstlerisch in einem Bild umgesetzt, sondern kommt durch reale, wirkliche Gegenstände ins Bild selbst hinein.

Land Art

Land Art-Künstler arbeiten in der Natur mit Elementen der Natur. Oft spielt dabei die Vergänglichkeit eine Rolle; ein aufkommender Wind zerstört das Gebilde aus Ästen, die Flut holt sich das Treibholz zurück, aus dem das Kunstwerk geschaffen wurde. Dadurch kritisieren die Künstlerinnen und Künstler auch die Museumskunst, die mit viel Aufwand Kunstwerke über Jahrhunderte erhalten möchte.

Malgrund

Malgrund nennt man das Trägermaterial, auf das Farbe aufgetragen wird. In der Schule verwendest du meistens Papier. Dauerhafter ist Leinwand, die zum Bemalen auf einen Rahmen aufgespannt wird.

Die ersten Malgründe waren Felswände. Im Mittelalter wurde oft auf Holzplatten gearbeitet. Das Bemalen direkt auf den Putz einer Wand verlangt hohe Kunstfertigkeit. Wird bei diesen ➔ **Fresken** unsauber gearbeitet, bröckelt das Bild nach kurzer Zeit wieder ab. Einfacher haben es da die Graffiti-Künstler, die auf Beton sprühen.

Manifest

In einem Manifest schreibt eine Künstlergruppe ihre Überlegungen und Zielvorstellungen auf und macht sie bekannt.

Mehrfachbelichtung

Bei einer Mehrfachbelichtung werden mehrere Aufnahmen in einem einzigen Foto abgespeichert. Die einzelnen Aufnahmen liegen übereinander wie mehrere Folien.

Mischfarben siehe **Farbkreis**

Moderne

Im allgemeinen Sprachgebrauch ist die Moderne die Zeit, in der wir leben. In der Kunstgeschichte steht der Begriff Moderne für die damals neuen Ideen des 20. Jahrhunderts. Neu war, dass die Künstler nicht mehr, wie im 19. Jahrhundert, hauptsächlich die äußere, sichtbare Wirklichkeit darstellen wollten. ➔ **Stilrichtungen** der Moderne sind z.B. ➔ **Kubismus**, ➔ **Expressionismus**, ➔ **Futurismus** und ➔ **Surrealismus**.

Monogramm

Monogramme sind Namenszeichen, die meist aus den Anfangsbuchstaben des Vornamens und des Nachnamens gebildet werden. Die Einzelbuchstaben werden dabei zu einem Gesamtzeichen zusammengefügt und eventuell verziert.

Nischenfigur

Eine Nische in einer Mauer stellt den baulichen Rahmen der Nischenfigur dar. Durch diesen Platz ist sie mit der Architektur verbunden, ohne direkten Kontakt mit der Mauer. Figur und Architektur stehen sich gleichberechtigt gegenüber.

Offsetdruck

Das Offsetverfahren ist ein typisches Verfahren des Flachdrucks (im Gegensatz zum ➜ **Hochdruck**). Durch spezielle Verfahren wird bewirkt, dass nur bestimmte Teile der flachen Druckplatte Farbe annehmen.

Ordnungsprinzipien

Bilder bestehen aus Linien und Formen. Diese bildnerischen Elemente können nach verschiedenen Arten miteinander in Beziehung gesetzt werden. Eine Streuung entsteht, wenn sie verteilt sind. Verdichten sich mehrere Elemente zu einem Zentrum, spricht man von Ballung. Werden sie regelmäßig wiederholt, wie die Glieder einer Kette, ergibt sich eine Reihung. Bei einer Gruppierung rücken Elemente zu mehreren Zentren aneinander; jede Gruppe hat einen eigenen Zusammenhalt. Die bildnerischen Ordnungsprinzipien können gezielt eingesetzt werden, um Spannung in einem Bild zu erzeugen.

Papiermaché

Figuren lassen sich gut aus Papiermaché formen. Das Material ist billig und leicht erhältlich. Du brauchst Zeitungspapier, Tapetenkleister, gut deckende Farben, evt. Draht und Lack.

- **Schritt 1:** Rühre nach Gebrauchsanleitung Tapetenkleister an. Für kleinere Figuren genügt ein Glas voll.
- **Schritt 2:** Forme aus trockenem, zusammengeknülltem Zeitungspapier, Röhren, Luftballons, leeren Schachteln oder aus Draht ein Grundgerüst für die Figur, die du herstellen möchtest.
- **Schritt 3:** Reiße handliche Fetzen Zeitungspapier zurecht, bestreiche sie mit Tapetenkleister und lege sie über deine vorgeformte Figur. Immer nach einigen Fetzen musst du gründlich verstreichen. So solltest du drei bis vier Lagen Papier übereinander auftragen. Solange die Figur feucht ist, kannst du sie noch formen.
- **Schritt 4:** Lass die Figur gut durchtrocknen. Einen Tag solltest du mindestens dafür einrechnen.
- **Schritt 5:** Male die Figur zunächst mit weißer Farbe an. Diese Grundierung lässt die Farben später schön leuchten.
- **Schritt 6:** Nun kannst du die Figur bemalen. Trägst du nach dem Trocknen einen Klarlack auf, leuchten die Farben besonders schön und die Figur kann sogar ins Freie gestellt werden.

Performance

Dies ist eine Form der zeitgenössischen Kunst, die die Handlung oder Aktion des Künstlers als Thema hat. Der Handlungsablauf wird in der Planung festgelegt und zu einem bestimmten Zeitpunkt und an einem bestimmten Ort aufgeführt. Damit hat eine Performance mehr von einer kurzen Theateraufführung als von einem herkömmlichen Kunstwerk.
In Form von Fotos oder Videoaufzeichnungen wird die Performance dokumentiert, um sie auch später noch betrachten zu können.

Pflanzensymbole

Verliebte schenken sich rote Rosen – warum eigentlich? Weil sie ein Symbol für die Liebe sind. In mittelalterlichen Bildern kann man mithilfe der Pflanzen verborgene Botschaften entschlüsseln. Hier eine kleine Auswahl: Lilie, Nelke und die weiße Rose symbolisieren Maria, die Erdbeere steht für die Verlockungen der Liebe. Gänseblümchen sind Symbole für die Unschuld, Veilchen für die Gerechtigkeit. Die Akelei steht, da oft drei Blüten zusammenhängen, für die heilige Dreifaltigkeit von Gott, Jesus und dem Heiligen Geist.

Piktogramm

Piktogramm lässt sich mit „Bildzeichen" übersetzen und wird auf alle Zeichen angewandt, die Nachrichten in bildhafter Form vermitteln. In der Regel zeigen Piktogramme Handlungen und Motive in sehr vereinfachter Form. Im Gegensatz zur Wortsprache können sie von Menschen aller Länder verstanden werden.

Plastik

Die Bezeichnung Plastik ist zum einen ein Oberbegriff für alle Werke der Bildhauerkunst. Wenn man die Bildhauerkunst weiter unterteilt, kann man zwischen Plastik und Skulptur unterscheiden. In diesem Sinn sind Plastiken räumliche Werke, die durch weiche Materialien wie Gips oder Ton geschaffen werden, die man auftragen, formen oder abtragen kann. Skulpturen dagegen sind Bildhauerwerke, bei denen hartes Material wie Stein oder Holz abgetragen wird.
Die Darstellung von Menschen in Plastiken hat sich im Lauf der Kunstgeschichte stark verändert:

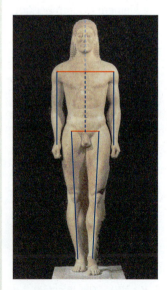

Kuros von Anavyssos, um 525 v. Chr.

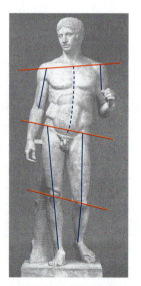

Polyklet: Doryphoros (Kopie), um 440 v. Chr.

Nike von Samothrake, Ende 2. Jh. v. Chr.

Zuerst sind die Figuren streng symmetrisch dargestellt, ihre Körperhaltung wirkt dadurch etwas unnatürlich.

Dann gelang es den Bildhauern, die Haltung natürlicher wirken zu lassen. Das Gewicht der Figur lastet auf einem Bein (Standbein), das zweite Bein ist locker angewinkelt (Spielbein). Dadurch wird die Hüfte schräg gestellt und die Schultern machen eine Ausgleichbewegung. Es wirkt, als könnte die Figur jederzeit loslaufen. Dieselbe Haltung nimmst du auch oft ein, wenn du locker stehst. Probiere es aus.

Vor etwa 2000 Jahren gelang es den Künstlern dann, die Figuren noch bewegter wirken zu lassen. Es entsteht eine bis zum äußersten gespannte Haltung, die gesamte Figur samt der Kleidung wird von der Bewegung erfasst. Die tonnenschweren Steinplastiken wirken so leicht, als könnten sie sich fast in die Luft erheben.

Pop Art

Eine ab etwa 1950 in England und den USA entwickelte ➙ **Stilrichtung** der ➙ **Moderne**, die sich mit dem Alltag der modernen Industriegesellschaft und den Bildern des Konsums und der Reklame auseinandersetzt, ist die Pop Art. Einfache Gegenstände des Alltags wurden als würdig befunden, sie in einem Kunstwerk darzustellen. Dadurch wollten die Künstler die Trennung zwischen dem Alltag der Menschen und der Kunst überwinden. Ein berühmtes Pop Art-Bild zeigt eine Suppendose.

Pop ist eine Ableitung des englischen Wortes *popular*, das mit *beliebt*, *volkstümlich*, *bekannt* übersetzt werden kann. Du kennst das Wort von der Popmusik.

Portal

Das große Eingangstor, durch das man in eine Kirche gehen kann, heißt Portal. Je nach Größe und Lage kann man zwischen Haupt- und Seitenportalen unterscheiden, die auch mit Portalsplastiken verziert und gestaltet wurden.

Prägedruck

Wie jedes Druckverfahren kann auch beim Prägedruck eine Vorlage (➙ **Druckstock**) mehrfach vervielfältigt werden. Die Besonderheit beim Prägedruck ist jedoch, dass hier kein Farbmittel benötigt wird. Der Druckstock hat Erhebungen und Vertiefungen. Beim Pressen auf den Druckstock schmiegt sich das Papier in die Unebenheiten des Druckstocks ein und dessen Oberfläche tritt auf dem gedruckten Papier erhaben hervor. Den Druckstock für einen Prägedruck kannst du selbst herstellen:

- Löse mit einem Messer Teile einer dicken Pappe ab.
- Klebe Münzen, Draht oder andere flache Gegenstände auf die Pappe. Die Gegenstände sollten hart und fest sein und klare Kanten haben. Bei zu flachen Gegenständen kann sich das Papier nicht an das Original anpassen und der Druck wird schlecht sichtbar. Bei

zu hohen oder scharfkantigen Materialien besteht die Gefahr, dass das Papier reißt oder der Druckfilz beschädigt wird.

Das Papier kann sich am besten an den Druckstock schmiegen, wenn es dick, weich und feucht ist. Feuchte es also mindestens eine Stunde vor dem Druck mit einem sauberen nassen Schwamm an. Am besten schichtest du mehrere gut befeuchtete Blätter auf einen Stapel. Prägedrucke sollten zum Präsentieren nicht hinter Glas gepresst werden. Außerdem spielen der Lichteinfall und damit der Schattenwurf der Erhebungen eine große Rolle. Ideal ist eine Lampe, die schräg Licht auf den Druck wirft.

Proportionen

Unter Proportionen versteht man das messbare, gegenseitige Verhältnis eines Einzelnen zum Ganzen. Bei allen Menschen ergibt z. B. etwa achtmal die Kopfhöhe die Körpergröße oder dreimal die Kopfbreite die Breite von der linken zur rechten Schulter.

Relief

Ist eine Oberfläche nicht eben, sondern hat Erhöhungen und Vertiefungen, so nennt man das ein Relief. Eine Landschaft hat ein Relief aus Bergen und Tälern. Münzen haben ein ganz flaches Relief. Ein Autoreifen erzeugt ein Relief in weicher Erde.

Gestaltet ein Bildhauer Formen, die aus einer Hintergrundplatte nur teilweise herausragen, so schafft er ein Relief. In diesem Zusammenhang ist Relief eine Bezeichnung für eine Unterform der ➡ **Plastik**.

Säulenfigur

An alten Kirchen finden sich menschliche Figuren, die gerade und unbewegt, wie eine Säule, eng an der Mauer stehen. Diese Säulenfiguren dienen mehr der schmuckhaften Verzierung des Mauerwerks, als dass sie als eigenständige Figur gesehen werden können. Im Laufe der kunstgeschichtlichen Entwicklung lösen sich die Figuren mehr und mehr aus ihrer Umklammerung von der Architektur und werden eigenständige Darstellungen.

Schraffur

Unter einer Schraffur versteht man sich oft wiederholende Linien innerhalb einer Umrissform oder innerhalb einer Fläche. In der Regel dient die Schraffur der Angabe des Schattens in der Zeichnung.

Serienbildfotografie auch: Chronofotografie

Eine Folge von mehreren hintereinander gemachten Fotografien, die zu einer Serie zusammengefügt werden.

Siebdruck

Das Siebdruckverfahren arbeitet mit einem feinen Sieb, das auf einen Rahmen aufgespannt wird. In diesem Sieb werden alle Poren, durch die nicht gedruckt werden soll, verschlossen. Dann legt man das Sieb auf die zu bedruckende Fläche, gießt Farbe darauf und reibt sie mit einem besonderen Spachtel durch die offenen Poren auf das darunterliegende Material durch. Mit Siebdruck lassen sich T-Shirts gut bedrucken.

Signalfarben

Manche Farben haben eine Signalwirkung. Das bedeutet, dass ihre Bedeutung in allen Situationen sofort erkannt wird.

Das funktioniert nur, wenn sich Signalfarben deutlich von den Objektfarben ihrer Umgebung abheben. Die größte Signalwirkung haben daher leuchtende Farben, die selten in der Natur vorkommen.

Signalfarben gibt es auch in der Natur, z. B. bei Tieren. Denke an die Wespe!

Speedline

Mit Speedlines wird in Comics Geschwindigkeit dargestellt. Sie zeichnen die Spur der Bewegung nach. Oft löst sich dadurch die geschlossene Form des bewegten Körpers auf.

Stahlfeder

Früher wurden Schreib- und Zeichenfedern aus richtigen Vogelfedern hergestellt. Heute verwendet man Federn aus Stahl. Zum Schreiben benutzt man eine Feder mit einer

breiten Spitze, außerdem benötigt man Tusche oder Tinte und einen Halter für die Feder. Zum Zeichnen oder Schreiben tunkt man die Feder in die Tusche und streift sie über dem Gefäßrand ab, damit überschüssige Tusche abläuft. Sonst tropft die Feder leicht. Die Feder zieht man immer nur nach hinten oder zur Seite, damit sich die Spitze nicht ins Papier bohrt.

Durch die Drehung der Feder oder die Richtungsänderung beim Schreiben verändert sich die Strichstärke.

Statue

Andere Bezeichnung für eine ➜ **Plastik**.

Stillleben

Was ein Stillleben ist, macht der italienische Begriff *natura morta* klar: Es zeigt ein Stück tote, unbelebte Natur. Stillleben zeigen Gegenstände, Obst, Schnittblumen, aber auch Totenschädel oder erlegte Wildtiere. Warum malen Künstler so etwas? Früher wurde damit die Meisterschaft in genauem Darstellen bewiesen – teilweise kann man nur aus nächster Nähe unterscheiden, ob eine Fliege auf einem Stillleben echt ist oder aufgemalt. Manchmal muss das Abgebildete wie ein Rätsel entschlüsselt werden: Während frisches Obst die Jugend symbolisiert, wird das Alter durch überreife Früchte dargestellt. Viele Stillleben wurden aber nur gemalt, um interessante Formen oder Farbbeziehungen darzustellen.

Stilrichtung

Kunst ist immer auch eine Auseinandersetzung mit der Zeit, in der Künstlerinnen und Künstler leben. Wenn mehrere Künstler ähnlich empfinden und denken, zeigt sich das im

Vergleich ihrer Kunstwerke: Obwohl sie von unterschiedlichen Menschen hergestellt wurden, haben sie deutlich erkennbare Ähnlichkeiten. Der Kunststil wird nicht nur von einem eingesetzt, sondern von mehreren – eine Stilrichtung ist entstanden.

Struktur

Dreimal geschliffene Steinoberflächen, aber trotzdem siehst du dreimal etwas ganz anderes. Das unterschiedliche Aussehen kommt von dem unterschiedlichen inneren Aufbau der Gesteine. Diesen inneren Aufbau erkennt man an seiner Struktur. Strukturen sind etwas anderes als ➡ **Texturen**, beide werden aber leicht verwechselt.

Surrealismus

Manchmal träumt man komische Sachen und weiß gar nicht, was die Ursache dafür ist. Man fliegt, ist unglaublich stark oder tut Dinge, die man sonst nicht kann. In unseren Traumbildern stimmt vieles nicht mit den Bildern aus dem Alltag überein. Für die Träume spielen unsere geheimen Wünsche und Ängste eine wichtige Rolle.
Für die Traumwelt haben sich auch Künstler interessiert. Sie nannten ihre Kunstrichtung „Surrealismus". Das heißt wörtlich aus dem Französischen übersetzt: das „Überwirkliche". Die surrealistischen Künstler wollten geheimnisvolle und „unvernünftige" Bilder malen. Dazu mischten sie verschiedene Wirklichkeiten. Beispiele für surrealistische Bilder: eine Eisenbahn, die aus einem Kamin kommt, eine Uhr aus weichem Material, die zerfließt. Aber auch: ohne nachzudenken „automatisch" gemalte Bilder nur aus Linien und Flächen.

Symbolfarben

Ein Symbol ist ein Zeichen mit feststehender Bedeutung. Ein ♥ ist ein Symbol für die Liebe, eine Taube oder ein Kreuz im Heiligenschein stehen im Christentum für den Heiligen Geist. Besonders im Mittelalter wurden Farben als Symbole verwendet: Gold – das Licht Gottes; Purpurrot – Jesus; Blau, Weiß und Rot – Maria; Grün – die Auferstehung und die Hoffnung; Weiß – Unschuld. Rote Gewänder tragen Könige, oft auch Gott als „König der Könige". Bei Märtyrern, die für ihren Glauben in den Tod gehen mussten, ist ein roter Mantel in Anlehnung an die Farbe des Blutes ein Symbol des Todes.

Temperaturwert von Farben

Warme Farben – kalte Farben. So eigenartig es klingen mag: Es gibt einen Temperaturwert von Farben. Die Farbtemperatur lässt sich mit keinem Thermometer messen, sondern nur mit dem Gefühl. Woher unser Gefühl das „weiß"? Schau dir die Farben einer Winterlandschaft und einer Landschaft im Sommer an. Vergleiche ein Himbeereis, direkt aus dem

Nachgeschlagen

Tiefkühler, mit dem Rot des Feuers. Vergleicht man die Farben untereinander, so hat Orangerot den höchsten Temperaturwert, Blaugrün den niedrigsten. Innerhalb einer Farbe kann man durch Aufhellen, also durch Mischen mit Weiß oder mit Wasser, die Farbe „abkühlen".

Textur

Die Textur ist die fühlbare Oberflächenbeschaffenheit eines Materials.
Texturen kannst du gut durch Tasten wahrnehmen und durch eine ➡ **Frottage** festhalten.
Der Begriff wurde von *textura*, dem lateinischen Wort für Gewebe, abgeleitet.

Ton

Ton ist eine leicht formbare Erde, die durch einen Brennvorgang bei fast 1000 °C sehr hart und wasserfest wird. Das entdeckten schon die Menschen der Steinzeit, die aus Ton Essgeschirr herstellten.
Ton entstand vor vielen Millionen Jahren aus Steinen, die in Bächen und Flüssen transportiert und dabei sehr fein zerrieben wurden.
Es gibt weißen, braunen und roten Ton. Die Färbung hängt von unterschiedlichen Metallgehalten und von der Brenntemperatur ab. Reinen, weißen Ton nennt man auch Kaolin, er wird zur Porzellanherstellung verwendet.

Tipps zur Verarbeitung von Ton:
Knete den Ton nicht zu lange in den Händen, er wird sonst spröde und rissig. Drücke zuerst die grobe Form der Figur, die du herstellen willst, aus einem Klumpen. Achte darauf, dass keine Luftblasen in den Ton kommen. Sie platzen beim Brennen. Nun kannst du noch Teile ansetzen. Damit sie nach dem Trocknen nicht abfallen, musst du sorgfältig arbeiten:
- Beide Kontaktstellen aufrauen und mit Wasser betupfen.
- Beide Teile gegeneinanderdrücken und dabei solange hin und her drehen, bis du einen deutlichen Widerstand spürst.
- Nahtstellen gut verstreichen, damit es keine Lufteinschlüsse gibt.

Die Oberfläche von Ton kannst du gut gestalten. Mit leicht feuchten Fingern lässt sie sich glatt reiben. Stifte, Gabeln und Hölzchen helfen beim Einritzen von Linien. Gegenstände mit interessanten Oberflächen kannst du als Stempel einsetzen. Ein toller Effekt ergibt sich, wenn du ein Sieb auf den Ton drückst. Probiere es aus! Mit Modellierschlingen kannst du aus dem Ton Teile besser herausschaben als mit den Fingern.
Deine Figur muss dann mindestens drei Wochen trocknen – je größer und massiver die Figur ist, desto länger. Danach kann die Figur gebrannt werden.

Zeichnen

Eine Zeichnung besteht aus Linien. Alles Genauere findest du im Kapitel „Mein Skizzenbuch".

Vorgeschichte

Die große Frage der Kunst ist, warum Menschen in der Vorgeschichte überhaupt Kunstwerke schaffen. Sie müssen schließlich hart um ihr Überleben kämpfen.
Die Antwort: Der Mensch braucht die Kunst zum Leben, so wie Nahrung, Kleidung und seine schützende Behausung.

In der Steinzeit sind alle Werkzeuge aus Naturmaterialien, Kleidung aus Leder und Pflanzenfasern, Behälter aus Birkenrinde, Werkzeuge und Waffen für die Jagd aus Holz und Stein.

Ab 1000 v. Chr. kann Eisen hergestellt und für Werkzeuge, Waffen, Alltags- und Kunstgegenstände verwendet werden.

Mittelalter   1.400 n. Chr.

Im Mittelalter ist die Gesellschaft in drei Ständen mit unterschiedlichen Rechten aufgeteilt. Der erste Stand ist die Geistlichkeit, also die Pfarrer und ihre Kirchenführer, die Bischöfe und der Papst. Zum zweiten Stand, dem Adel, gehören Kaiser, Könige und Fürsten. Den dritten Stand bilden die Bauern und Bürger. Die Kunst im Mittelalter lebt von denen, die das Geld besitzen, also von der Kirche und dem Adel.

Näher bei Gott – die Kirchen wachsen in schwindelerregende Höhen.

Karl der Große, mächtigster Herrscher Europas 800 n. Chr.

Der Buchdruck wird erfunden.

Der Astronom Galilei findet Beweise, dass die Erde nicht flach is sondern eine Kugel, und dass sie sich um die Sonne dreht.

Eingeordnet

24.000 v. Chr.

Die ersten Kunstwerke der Menschheitsgeschichte sind etwa 35 000 alt.

22.000

20.000

18.000

16.000

In zahlreichen Höhlen in Europa und Afrika entstehen Höhlenmalereien. Und das, obwohl das Leben mitten in der Eiszeit sehr hart ist.

14.000

12.000

10.000

8.000

6.000

4.000   **Frühe Hochkulturen**

Die Entdeckung des Ackerbaus und der Viehzucht ermöglicht den Menschen, Nahrungsmittel auf Vorrat aufzubewahren. Sie werden sesshaft.

2.000

Die Schrift wird von den Sumerern (im heutigen Irak) erfunden.

0 Christi Geburt   **500 n. Chr.**

Die Römer erfinden den Betonbau ebenso wie Zentralheizungen für Wohnhäuser und Waffen mit bis dahin unbekannter Stärke. Ihre größten Leistungen bestehen aber in der Organisation der Politik und des Militärs.

Vor der Erfindung von Papier mussten Texte in Stein gemeißelt oder in Wachs oder Ton geritzt werden.

Kunstbetrachtung

Künstler übersetzen Erlebnisse, Gefühle oder wichtige Gedanken in Bilder. Beim Betrachten eines Kunstwerkes musst du dich auf die Suche nach diesen Erlebnissen, Gefühlen oder Gedanken machen. Wenn du erfolgreich bist, hast du das Kunstwerk ein zweites Mal entstehen lassen.

Schritt 1: Das Bild wirken lassen

Schau dir das Bild genau an, in aller Ruhe! Nimm deine innere Stimme ernst: Löst es ein bestimmtes Gefühl bei dir aus? Gibt es Stellen, die dir besonders gut gefallen? Stört dich etwas?

Schritt 2: Den Inhalt untersuchen

Welche Personen, Tiere, Gegenstände oder Naturausschnitte sind dargestellt? Oder sind vielleicht Elemente von Bildern die Hauptdarsteller, also Farben, Linien, Flächen oder Licht? Erkennst du eine bekannte Geschichte, die das Bild erzählt? Dann lies nach und überprüfe, welche Szene der Geschichte dargestellt wurde. Oft gibt der Titel einen Hinweis, was es im Bild zu entdecken gibt.

Schritt 3: Die Machart des Bildes untersuchen

Hier bist du als Detektiv gefragt, weil Künstler ihre Absicht gerne verstecken. Schließlich macht entdecken mehr Spaß als belehrt zu werden. Schau also genau hin: Gibt es Farben, die vorherrschen? Welche Bereiche sind durch Helligkeit oder Dunkelheit hervorgehoben? Oft führen Linien auf eine wichtige Stelle des Bildes hin. Solche Linien können Kanten von Gegenständen oder Gebäuden sein, Arme von Menschen, die in eine bestimmte Richtung zeigen, Wege oder Bachläufe.

Schritt 4: Das Bild übersetzen

Wenn du das Bild gründlich bearbeitet hast, dann findest du Übereinstimmungen zwischen deinen Gefühlen beim ersten Betrachten, dem Inhalt des Bildes und seiner Machart.

Vincent van Gogh: Dr. Gachet. Das Bild findest du größer auf Seite 158.

„Dr. Gachet sieht traurig und müde aus. Er lehnt sich zur linken Seite und muss seinen Kopf stützen. Auch die Blumen und die Pinselspuren führen in diese Richtung. Van Gogh wollte vielleicht das Alter zeigen. Das Gesicht und die Hände sind runzlig. Die Blumen sind fast verwelkt. Dazu passt eigentlich nicht, dass der Doktor richtig leuchtet in seiner Umgebung. Das liegt an den Komplementärfarben: Das Gesicht, die Bücher und die Tischdecke sind orangefarben, der Hintergrund und die Jacke blau. Vielleicht wollte van Gogh darstellen, wie viel Energie in älteren Menschen stecken kann, auch wenn sie manchmal müde aussehen."

Eingeordnet

berall auf der Welt bilden die Menschen Staaten, die das Zusammenleben regeln. Die Herrscher mächtiger önigreiche und Religionen geben unvorstellbar wertvolle Kunstwerke in Auftrag.

Antike

Eine Hochzeit der Kultur in Europa besteht ab etwa 500 v. Chr. in Griechenland. Athen wird das Macht- und Kulturzentrum. Die Wissenschaften entwickeln sich wie nie zuvor.

Beginnende Neuzeit

1700 n. Chr.

Moderne

Kolumbus entdeckt 1491 Amerika.

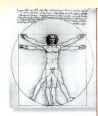

Die Künstler der Renaissance arbeiten auf vielen Gebieten. Da Vinci ist ein genialer Maler, Zeichner und Erfinder, Michelangelo ein Meister in der Malerei, der Bildhauerei und Architektur.

Die Kunst des Barock wirkt prachtvoll.

Die Menschen wollen Freiheit: In England, Frankreich und Deutschland mit Revolutionen, in Amerika mit der Unabhängigkeitserklärung.

Je näher man kommt, desto genauer muss man hinschauen.

1900 — Klassische Moderne

Die Künstler reagieren auf die Veränderungen ihrer Zeit, indem sie neue Fragen stellen: Wie sieht es in unserer Seele aus? Liegt die Wahrheit der Welt an der sichtbaren Oberfläche oder tief verborgen? Wie kann man diese tieferen Wahrheiten sichtbar machen?

Die Arbeit der Menschen verlagert sich in Fabriken.

Die Erfindung der Fotografie um 1830 macht es unnötig, die Wirklichkeit detailgetreu abzuzeichnen.

Wer bestimmt, was Kunst ist? Die Museen? Die Leute, die Kunst kaufen? Die Künstler selbst? Die frechste Antwort auf diese Frage, die ab 1900 viele Künstler beschäftigte, stammt von Marcel Duchamp. Er stellt ein Pinkelbecken in einem Museum aus und erklärt es zur Kunst. Die Leute ärgern sich – und beginnen darüber nachzudenken, was Kunst ist.

Die **Surrealisten** suchen die verborgene Wahrheit in unserer Seele. Die Erforschung der Träume hilft ihnen dabei.

Immer mehr Menschen leben in Großstädten. Die wachsen so schnell, dass sie chaotisch, lebendig, aber auch laut und bedrückend sind.

Viele Künstler melden sich freiwillig als Soldaten zum 1. Weltkrieg. Sie denken, sie würden für eine gute Sache kämpfen. Die Wirklichkeit des Krieges ist aber fürchterlich. Alle Werte scheinen bedeutungslos geworden zu sein.

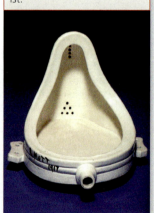

Die **Kubisten** zeigen verschiedene Sichtweisen auf die Dinge. Das, was wir sehen, ändert sich, wenn wir einen neuen Standpunkt einnehmen.

Unsere Gefühle bestimmen unser Leben. Die **Expressionisten** versuchen, diese Sicht auf die Welt möglichst ausdrucksstark zu zeigen.

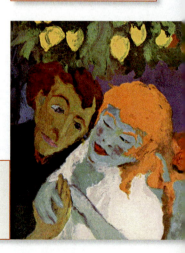

Eingeordnet 179

1945　　　　　　　　Moderne　　　　　　　　heute

Der Zweite Weltkrieg verändert die Welt, auch die Kunstwelt. Neue Themen, neue Techniken, neue Sichtweisen.

Die Künstlerinnen und Künstler stellen Fragen an die Wirklichkeit, in der sie leben.

Amerika! Land der Wolkenkratzer, Traumautos, Rockmusik. Neuerungen setzen sich in rasendem Tempo durch. Das „Land der unbegrenzten Möglichkeiten" wird zum neuen Zentrum der Kunst.

Die Frage nach der Farbe

Warum täuschen Künstler Landschaften oder Personen in ihren Bildern vor? Die einzige Wirklichkeit in der Malerei ist nach Ansicht dieser Künstler das Material, mit dem sie arbeiten: die Farbe.

Manche Maler zeigen in ihren Bildern die Handschrift ihrer Malaktionen.

Andere lassen die Betrachter mit großen Farbflächen in die Farbräume ihrer Bilder eintauchen.

Außerdem wird mit Materialien gemalt, die bisher nicht dazu verwendet wurden: mit Erde, Stroh, Wachs, Rost.

Die Frage nach den künstlerischen Disziplinen

Malerei, Zeichnung, Bildhauerei, Druck, Architektur – das waren über Jahrhunderte die Disziplinen, in denen Künstler gearbeitet haben. Sollte eine geänderte Welt nicht auch neue Disziplinen hervorbringen?
Es werden ganze Räume gestaltet, geheimnisvolle Aktionen gestartet, ganze Landschaften verändert, Computer in die Kunst eingebaut.

Die Frage nach der Wahrnehmung

Wie nehmen wir unsere Umgebung wahr: wie den Raum, wie die Bewegung oder wie die Zeit? Was hat sich dadurch geändert, dass wir heute über Fernsehen und Internet mit unendlich vielen Bildern überhäuft werden?

Die Frage nach der Wirklichkeit

Was ist wirklich:
die Welt der sichtbaren Dinge? Die Welt, wie wir sie in unseren Gefühlen verarbeiten? Oder die Welt, wie wir sie mit unserem Verstand ordnen?

Die Künstler machen sich nicht nur selbst auf die Suche nach Antworten, sie wollen uns, die Betrachter der Kunst, dazu verleiten, uns selbst auf die Suche zu machen. Deshalb sind zeitgenössische Kunstwerke oft geheimnisvoll.

Und morgen?

Register

Abstraktion 40, 160
Architektur 15, 74–77, 104–108, 160
Aussagen über Kunst 62, 133, 135

Ballung 97
Bewegung **110–135**, 114, 133
Bibel 10, 88, 118, 146
Bildausschnitt 154
Bilderflut 150–152
Bildhauerischer Raum 113
Blauer Reiter 83
Bruegel d.Ä., Pieter 18
Buch 138, 147
Buchdruck 147
Buchstabe 140

Camera obscura 152, 160
Chagall, Marc 14
Collage 100, 160
Comic 12, 130, 160

Denkmal 116, 161
Drip Painting 126
Drippings 126
Druck
• Hochdruck 144–149
• Kartondruck 97, 149
• Offsetdruck 150
• Prägedruck 96
• Schwarzlinienschnitt 148
• Siebdruck 150
• Weißlinienschnitt 148
Druckerei 147
Druckstock 97, 146, 148, 161
Duchamp, Marcel 50, 123, 157

Elfen 105
Engel 10, 13–15
Erdfarbe 66

Ernst, Max 64, 126
Escher, Maurits 53
Expressionismus 83–86, 161

Farbauszug 85, 161
Farbe 72–89, 161
• Architektur 74–77
• **Charakter** 84, 162
• **Kontrast** 82, 85, 162
• Material 66–68
• **Signalfarbe** 78, 171
• **Temperaturwert** 17, 70, 85, 172
Farbwahrnehmung 87, 89
Farbkreis 162
Farbmischung 85, 162
Farbpalette 84, 163
Farbwirkung 84, 86–89
Fassade 75, 163
Figur–Grundbeziehung 71, 163
Figurengruppe 115–117
Fliegen 8–29
Fluggeräte 21
Fotoausstellung 29, 152
Fotografie 122, 152–155
• Ausschnitt 154
• Bewegung 122
• Bilderflut 150–152
• Geschichte 153
• Mehrfachbelichtung 122–123
Freiplastik 112, 163
Fresko 11, 163
Frottage 64, 164
Fruchtbarer Moment 115–117
Futurismus 124, 164

Gabo, Naum 102
Goldsworthy, Andy 60
Grafische Mittel 42–48
Graubner, Gotthard 86
Grundfarben 164

Gruppierung 97, 116
Gutenberg 146

Heizer, Michael 56
Hieroglyphe 142, 164
Hochdruck 144–149, 164
Höhlenmalerei 67, 51
Hundertwasser, Friedensreich 75–77

Ikarus und Dädalus 17
Illustration 164
Initiale 139, 164
Innere Bewegung 116
Iseli, Rolf 66

Kandinsky, Wassily 86
Karikatur 48, 164
Kartondruck 97, 149, 164
Kinetik 133, 165
Komplementärkontrast 82, 165
Konturlinie 42, 165
Konzeptkunst 134, 157
Kopie 151, 158
Kubismus 102, 166
Kultur 80
Kunstbegriff 156–159
Kunstbetrachtung 18, 101, 174

Land Art 56–60, 166
Leonardo da Vinci 16, 48, 50
Lichtenstein, Roy 130
Licht und Schatten 97, 101–103
Linie 35, 49
Ludwigsluster Karton 105

Magritte, René 24
Malerei → Farbe
Malgrund 166
Malmaschine 134
Manifest 124, 133, 166

Materialerprobung   67, 94
Matisse, Henry   99
Mehrfachbelichtung   122–123
Meta-Matics   133
Mimik   117
Miró, Joan   27
Mischfarben   166
Moderne   166
Moebius   26
Mona Lisa   50, 151
Monogramm   139, 167
Münter, Gabriele   83–85
Muster   46
Muybridge, Eadweard   122

Naturkunst   **56–71**
Naturstudien   16, 156
Niépce, Nicéphore   153
Nischenfigur   113, 167

Objektbau   21–23, 29
Offsetdruck   150, 167
Optische Täuschung   89
Ordnungsprinzipien   58, 97, 103, 115, 167
Original   158

Panamarenko   21
Papier   **90–109**
• Materialerprobung   94
• Materialkunde   95
• Papierarten   93–94
Papiermaché   105, 167
Performance   135, 168
Pflanzensymbole   88, 168
Picasso, Pablo   39, 101
Piktogramm   79, 142–143, 168

Plastik   104–108, 112, 168
• Bildhauerischer Raum   113
• Freiplastik   28, 112, 116
• **Griechische Plastik**   115, 124, 168
• Kinetik   132
• Nischenfigur   113
• Raumgreifen   112–114
• Säulenfigur   113
• Ton   69
• Umraum   104, 113
• Relief   69
• Objektbau   21–23, 29
Pollock, Jackson   129
Pop Art   104, 130, 150, 169
Portal   169
Prägedruck   96, 169
Projekt   80, 109
Proportionen   114, 170

Rasterung   130–131
Raumgreifen   112–114
Reihung   97
Relief   69, 170
Rodin, Auguste   116

Säulenfigur   113, 170
Schatten   45, 102
Scherenschnitt   99
Schraffur   44, 170
Schrift   138–142
Schriftelemente   140
Schwarzlinienschnitt   158
Serienbilder   122, 170
Siebdruck   150, 170
Signalfarbe   78, 171
Skulptur   28
Slotawa, Florian   110

Speedline   130, 171
Spuren   49–51
Stahlfeder   171
Statue   112, 171
Stempel   144
Stempeldruck   144
Stillleben   156, 171
Stilrichtung   171
Streuung und Ballung   97
Struktur   47, 172
Stundenbuch   138
Surrealismus   24, 26, 52, 172
Symbolfarben   88, 172
synchrone Darstellung   118, 120

Temperaturwert   17, 70, 85, 172
Textur   47, 173
Tinguley, Jean   133
Ton   69, 173
Typisierung   12

Ufo   22
Ulrichs, Timm   135
Umraum   104, 113
Umrisslinie   42
Utopien   20

Vervielfältigung   137, 146, 158

Wandteppich   120
Warhol, Andy   150
Weißlinienschnitt   158

Zeichenwerkzeug   34
Zeichnen   **30–53**
Zeichnung   36–38

Die fett gedruckten Begriffe finden sich im Kapitel **Nachgeschlagen**, die fett gedruckten Seitenzahlen verweisen auf Kapitel zum entsprechenden Thema. Künstler, die vorgestellt werden, werden kursiv dargestellt.

Künstlerverzeichnis

Abramovic, Marina   135

Boccioni, Umberto   124
Brancusi, Constantin   28
Bruegel d. Ä., Pieter   18
Bruggen, Coosje van   104
Bulloch, Angela   134

Calder, Alexander   132
Chagall, Marc   14, 15

Donath, Dirk   105
Duchamp, Marcel   50, 123, 157
Dürer, Albrecht   31, 139

Elisofon, Eliot   123
Ernst, Max   28, 64, 65, 126
Escher, Maurits C.   53

Flavin, Dan   87
Fra Angelico   11
Fritsch, Katharina   137, 159

Gabo, Naum   102, 103
Galle, Philipp   147
Géricault, Théodore   122
Giotto   10
Giovanni da Bologna   112
Gogh, Vincent van   158
Goldsworthy, Andy   58, 60, 61
Graubner, Gotthard   86
Gudehus, Juli   143

Heem, Jan de   156
Heizer, Michael   56, 57
Hundertwasser, Friedensreich   75, 77

Iseli, Rolf   66

Kandinsky, Wassily   73
Katase, Kazuo   87

Leonardo da Vinci   16, 44, 48, 151
Lichtenstein, Roy   130, 131

Magritte, René   9, 24, 52
Matisse, Henri   91, 98
Memling, Hans   119
Menzel, Adolf   146
Michelangelo   37, 69
Miró, Jean   27
Moebius   26
Mueck, Ron   13
Munari, Bruno   12
Münter, Gabriele   83, 84, 85
Muybridge, Eadweard   122

Namuth, Hans   129
Niépce, Nicéphore   153
Nolde, Emil   86

Oberrheinischer Meister   88
Oldenburg, Claes   104

Panamarenko   21
Panton, Verner   107
Picasso, Pablo   39, 40, 101
Pollock, Jackson   127

Riemenschneider, Tilmann   112
Robertson, E.G.   20
Rodin, Auguste   116, 117
Rubens, Peter Paul   37

Schmidt-Rottluff, Karl   149
Seyfried, Gerhard   22
Signer, Roman   13
Slotawa, Florian   111
Smithson, Robert   55

Tinguely, Jean   133
Togo, Seiji   25

Uecker, Günther   96
Ulay   135
Ulrichs, Timm   135

Warhol, Andy   150

Bildquellen

© A1PIX/KOS: 77 u. - © akg-images: 20 u., 83 l., 108 l., 151, 176 u.r., 177 u.l. (2 Bilder) - akg-images/Brigitte Hellgoth: 21 o.l. - akg-images/© VG Bild-Kunst 2009: 157 l. - © Gustavo Alàbiso: 173 u. - © Albertina, Wien: 31 u., 37 u.l. - © ALIMDI.NET/Siepman: 79 l. - © ALIMDI.NET/Martin Siepman: 113 o.r. - © ALIMDI.NET/Michael Szoenyi: 169 - © Walter G. Allgoewer/JOKER: 108 u. - Archiv Gerstenberg, Wietze: 115 r. - © Arco Images GmbH: 65 u.m. - Nach G. Bataille, 1955: 51, 175 - Berlinische Galerie, Landesmuseum für Moderne Kunst, Fotografie und Architektur: 103 l. - Illustration von Fritz Wendler; aus: Ernst Probst, Deutschland in der Steinzeit, © 1991 C. Bertelsmann Verlag GmbH / München in der Verlagsgruppe Bertelsmann: 177 o. - Biblioteca Reale, Turin: 42 u. - Bibliothèque Nationale Paris: 20 r. - © Bildagentur-online: 8 m.u. - © Bildagentur-online/John T. Fowle: 65 u.l. - Bildarchiv Preußischer Kulturbesitz: 147, 175 u.r., 176 m.l. - Bionik Institut: 105 o. - © Biosphoto/Gilson François: 65 u.r. - © blickwinkel/H.J. Igelmund: 68 u. - © blickwinkel/R. Kaufung: 38, 64 o.r. - © blickwinkel/McPHOTO: 59, 75 o. - © blickwinkel/P. Schuetz: 95 m. - © Claudia Blum: 28 u.r. - bpk/Margarete Büsing: 176 m.r. - British Museum, London (Foto: Michael Holford): 175 l. - Bundesarchiv Koblenz Bild 146/70/88/30: 179 o.l. - Aus: Joanne K. Rowling, Harry Potter und der Orden des Phönix © Carlsen Verlag GmbH, Hamburg 2003: 140 l. - Aus: Juli Gudehus, Genesis © Carlsen Verlag GmbH, Hamburg 2009: 143 l.+r. - Center for Ufo Studies: 23 o. - © DC Comics: 12 u.r. - Aus: The essential Showcase, 1956-59, DC Comics 1992 NY, S. 145. DC Comics, New York, A Warner Bros. Company: 130 o. - Deutsches Technikmuseum, Berlin: 178 o.l. - © die bildstelle/MCPHOTO: 95 u. - © Disney/Cinetext: 107 o. - Domschatzkammer, Aachen (Foto: Ann Münchow): 176 m.u. - © Dorling Kindersley, Courtesy of the London College of Printing: 146 u. - Harald Küppers „Darstellung warmer und kalter Farben". Aus: Harald Küppers „Das Grundgesetz der Farbenlehre" © 1993 DuMont Buchverlag, Köln: 173 o. - © Reinhard Eisele/project photos: 172 l.+m. - © Estate of Dan Flavin/VG Bild-Kunst, Bonn 2009: 87 u. - Joachim Feist, Pliezhausen: 175 o. - Galerie m Bochum: 86 u.l.+r., 179 - Galleria dell'Accademia, Venedig: 48 (5 Bilder) - Galleria Antica, Florenz: 69 o., 177 - Galleria Sabauda: 118f. - Gallimard, Paris: 176 m.u. - Giunti Gruppo Editoriale, Florenz (Illustration: Mark Bergin): 175 u.l. - © Andy Goldsworthy, from ANDY GOLDSWORTHY (Zweitausendeins): 58 u.l., 60 (3 Bilder), 61 - Photo: Gianfranco Gorgoni, Sygma: 57 - Sammlung Haags Gemeentmuseum, Den Haag; © M.C. Escher Heirs/Cordon Art-Baarn-Holland: 53 r. - J. Harel, Wien: 76 m. - Foto: Brigitte Hellgoth: 66 u.r. - © Rainer Jahns: 108 r. - © Juniors Bildarchiv: 8 m.r., 29 o.l. - Atelier Kazuo Katase, Kassel: 87 o., 179 - © Hanno Keppel/Westend61: 172 r. - Kingston-upon-Thames Museum: 122 r. - Kunstmuseum Basel: 116 o., 117 (alle) - Kunsthaus Wien: 76 o.l. - Kunstmuseum St. Gallen: 156 - © Les éditions Albert Réné, Paris: 37 u.r. - Les Humanoides Associés SAS: 26 (beide) - LIFE MAGAZINE, Nr 284, New York 1952, Fotografie Eliot Elisofon: 123 l. - © Lonely Planet Images/Phil Weymouth: 80 u.r. - © Ludwig Meidner-Archiv, Jüdisches Museum der Stadt Frankfurt am Main/Westfälisches Landesmuseum für Kunst und Kulturgeschichte Münster: 178 l.m. - Malmesbury Abbey, Wiltshire: 139 - Cynthia Martinez Oxitrop: 25 l. - Mediacolor's: 177 (2 Bilder) - © mediacolor's/Viennaslide/Klaus Trummer: 75 - © mediacolor's/Dieter Löhr: 176 m.r. - Metropolitan Museum of Art, New York: 37 o.l. - Foto: Gjon Mili: 39 l. - Bruno Munari, Als Flugzeuge noch aus Bambus und Leinwand gemacht waren, 1936, Courtesy of Corraini Edizioni: 12 o. - Musée Royaux des Beaux Arts: 18/19 - Musée Rodin, Paris: 116 u.l. - Musée de la Tapisserie, Bayeux: 120f. - Musée Condé, Chantilly: 138 - © Musée du Louvre/C. Décamps: 142 l., 175 - Musée du Louvre, Paris: 158, 174, 177 u.r. - Museo Archeologico Nazionale, Neapel: 168 m. - Hans Namuth: 129, 179 - Nationalmuseum Rom: 10 l. - Nationalmuseum Athen: 168 l. - Joseph Nicéphore Niépce: 153 o. - Astrid Lindgren: Pippi Langstrumpf. 22. Auflage. Illustrationen von Walter Scharnweber © Verlag Friedrich Oetinger, Hamburg 2008: 74 o.l.+r. - © picture-alliance/akg-images/Daniel Frasnay: 24 r., 52 r. - © picture-alliance/akg-images/Bianconero: 64 m.r., 99 o. - © picture-alliance/akg-images/Museum Kalkriese: 175 r.m. - © picture-alliance/Bildagentur Huber: 104 r. - © picture-alliance/chromorange: 74 u. - © picture-alliance/dpa: 60 l., 77 o. - © picture-alliance/Helga Lade Fotoagentur: 105 r. - © picture-alliance/IMAGNO/Franz Hubmann: 14 r. - picture-alliance/KPA/TopFoto: 102 - Panamarenko Collectief: 8 u.r., 21 m.l.+u. - Panamarenko Collectief/Foto: Marie-Laurence Habran: 21 r. - Verner Panton: 107 u. - picture-alliance/Picture Press/NASA/VRS: 22 u. - © picture-alliance/ZB: 84 u.r., 161 o. - Foto: J. M. Pharisien; Art: Concept, Nice, Courtesy the artist and Hauser & Wirth Zürich London: 13 r., 179 - © Pollock-Krasner Foundation/VG Bild-Kunst, Bonn 2009: 127f. - Privatbesitz, Bad Homburg: 86 o.l., 178 - Antoine de Saint-Exupéry: Der kleine Prinz © 1950 und 1998 Karl Rauch Verlag, Düsseldorf: 42 (beide) - Réunion des musées nationaux, Paris: 122 l. - E.G. Robertson 1804: 20 l. - Saatchi Collection, London: 13 l., 179 - Scala, Florence: 10 r., 11, 112 l. - © Schapowalow/Huber: 68 o. - Privatsammlung, Courtesy Esther Schipper, Berlin: 134 - © Volkmar Schulz/Keystone: 163 r.o. - Thomas

Seilnacht: 67 o.r.+u.l. - Gerhard Seyfried aus: Invasion aus dem Alltag © Rotbuch Verlag, Berlin 1989 (1981): 22 o. - © SINTESI/VISUM: 70 l. - Staatsbibliothek PK, Handschriftenabteilung, Berlin: 16 - Städelsches Kunstinstitut Frankfurt: 88, 176 - © Succession Marcel Duchamp/VG Bild-Kunst, Bonn 2009: 50 l., 123 r., 157 r., 178 - © Succession H. Matisse/VG Bild-Kunst, Bonn 2009: 5 m., 91, 98 (alle) - © Successió Miró/VG Bild-Kunst, Bonn 2009: 27 (beide) - © Succession Picasso/VG Bild-Kunst, Bonn 2009: 39 o.r.+u.r., 40 o., 101, 178 - Süddeutscher Verlag/Scherl: 178 u.l. - Yair Talmor: 104 l., 179 - Gotik. Architektur, Skulptur, Malerei. © 2004/2007 Tandem Verlag GmbH, Foto: A. Bednorz: 112 r., 113 l. - The Museum of Modern Art, New York: 124 l. - © Werner Thiele/www.seatops.com: 79 r. - Seiji Togo Memorial Yasuda Kasai Museum of Art, Tokyo: 25 r., 178 - Aus: Daniel Torres, Der Engel von Notre Dame, Edition 52, Wuppertal 1999: 12 u.l. - © ullstein bild: 179 u.l. - © ullstein bild-adoc-photos: 122 u. - ullstein bild-Granger Collection: 53 l. - ullstein bild-Timpe/© VG Bild-Kunst 2009: 131 u. - © vario images: 69 u., 79 m. - Verlagsarchiv Schöningh/Achim Algner: Figur des Stummels sowie 30, 31 o.l.+r., 32, 33 (alle), 34 (alle), 35 (alle), 36 (alle), 37 o.r.+m.r., 40 u., 41 (alle), 43 (alle), 44 o., 45 (alle), 46 (alle), 47 (alle), 48 m., 49 (alle), 50 r., 140 r. (3 Bilder), 141 o., 142 r., 144 (alle), 145 (alle), 148, 152, 154, 155 (alle), 159 (4 Bilder), 165 (alle), 171 (alle) - Verlagsarchiv Schöningh/Matthias Berghahn: 8 2.v.o. (u.ö.), 82 o., 83 o.r., 89 (alle), 97, 98 o.r., 100 u.r., 113 u.r., 114 u., 116 u.r., 121 u., 163 o. - Verlagsarchiv Schöningh/Binder: 58 (3 Bilder), 67 o.l.+u.r., 70 r., 71 (alle), 72, 80 u.l., 99 u.l., 162, 167 u. - Verlagsarchiv Schöningh/Michael Deffke: 8 (3 Bilder), 16 (2 Bilder), 17 o., 19 u.r., 20 o., 23 u. (5 Bilder), 27 u.l., 29 (4 Bilder) - Verlagsarchiv Schöningh/Anne Knaupp: 90 (alle), 92, 93 (5 Bilder), 95 o., 96 r., 99 u.r., 100 l., 106, 109 - Verlagsarchiv Schöningh/Günter Schlottmann: 80f., 93 m.l., 100 o.r. - Verlagsarchiv Schöningh/Jochen Wilms: 112 2.v.l., 114 o.r.,115 l., 125 - © VG Bild-Kunst, Bonn 2009: 4 o.+u., 5 o.+u., 6, 9, 14, 15 (beide), 24 l., 28 l.+r., 52 l., 55, 64 l., 65 o., 66 o.l.+o.r., 73, 83 u.r., 84 l., 85 (beide), 96 l., 110f., 126, 130 u., 131 o., 132, 133, 135 (alle), 137, 149, 159 o.r., 179 - © VG Bild-Kunst, Bonn 2009/Bearbeitung Matthias Berghahn, Bielefeld: 54 - Photo: Tom Vinetz: 56, 179 - © 2009 The Andy Warhol Foundation for the Visual Arts/ARS, New York: 150 (beide) - Westfälisches Freilichtmuseum Hagen: 176 u.r. - © WILDLIFE/D. Harms: 161 u. - Peter Willi, Paris: 124 r., 168 r., 177 - Sir Norman Reid, courtesy Nina Williams: 103 r. - U. Wohmann, Landesamt für Archäologie, Dresden: 175 m.r. - www.alitalia.it: 8 m.l. - © www.bridgemanart.com: 153 u., 178 - York-Projekt: 146 o. - Zwicker-Berberich, Würzburg: 112 2.v.r.- weitere: Verlagsarchiv Schöningh

Textquellen

S. 15 Pablo Picasso aus: Barbara Krause, Die Farben des verlorenen Paradieses - Marc Chagall, Herder Verlag, Freiburg ²2007 • S. 18 Ovid nach: Metamorphosen, übersetzt von Reinhart Suchier, Philipp Reclam jun., Leipzig 1986, S. 193 • S. 24 René Magritte nach: Cathrin Klinsöhr-Leroy, Surrealismus, Taschen Verlag, Köln 2006, S. 62 • S. 27 Joan Miró nach: Geträumte Geschichten, Herder Verlag, Basel/Wien 1984, S. 12 • S. 42 aus: Antoine de Saint-Exupéry, Der kleine Prinz, übersetzt von Grete und Josef Leitgeb, Karl Rauch Verlag 1992, S. 7f. • S. 62 aus: Andy Goldsworthy, übersetzt von Imke Janiesch, Zweitausendeins, Frankfurt a.M. 1991, Einleitung • S. 66 über Iseli aus: art. Das Kunstmagazin, Nr. 11, Gruner und Jahr, Hamburg 1990, S. 128f., Verf. Gerd Presler • S. 76 Friedensreich Hundertwasser aus: Verschimmelungsmanifest gegen den Rationalismus in der Architektur. In: Walter Schurian (Hrsg.), Hundertwasser – Schöne Wege, Gedanken über Kunst und Leben, Langen Müller Verlag, München 2004, S. 216ff. • S. 86 Wassily Kandinsky aus: Über das Geistige in der Kunst, mit einer Einführung von Max Bill, Benteli-Verlag, Bern-Bümpliz 1952, S. 59 • S. 126 Max Ernst aus: Max Ernst. Retrospektive zum 100 Geburtstag, hrsg. von Werner Spies, Prestel Verlag, München 1991, S. 322 • S. 129 Jackson Pollock aus: Petra Kipphoff, Der Showdown, in: Die Zeit, 50/1998 (http://www.zeit.de/1998/50/Der_Showdown) • S. 133 Manifest aus: Tinguely, Ausstellungskatalog Kunsthalle Basel, 22. Januar bis 27. Februar 1972, 2. verbesserte Auflage 1972, Druck Schwabe und Co

Sollte trotz aller Bemühungen um korrekte Urheberangaben ein Irrtum unterlaufen sein, bitten wir darum, sich mit dem Verlag in Verbindung zu setzen, damit wir eventuell notwendige Korrekturen vornehmen können.